LA CRÉATION D'ÈVE

ADAM ET ÈVE CHASSÉS DU PARADIS

CAÏN ET ABEL

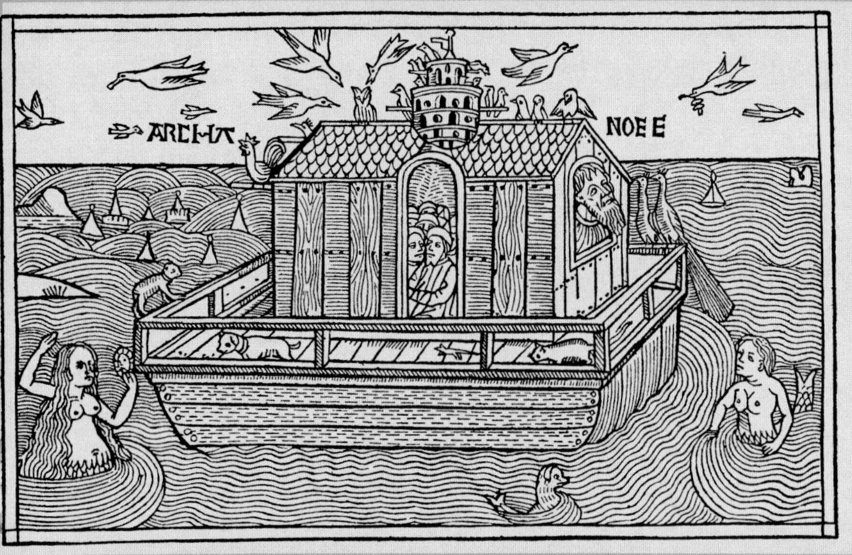

L'ARCHE DE NOÉ

LA TOUR DE BABEL

ABRAHAM ET LES TROIS VOYAGEURS

LE SACRIFICE D'ISAAC

ISAAC BÉNIT JACOB

LE SONGE DE JACOB

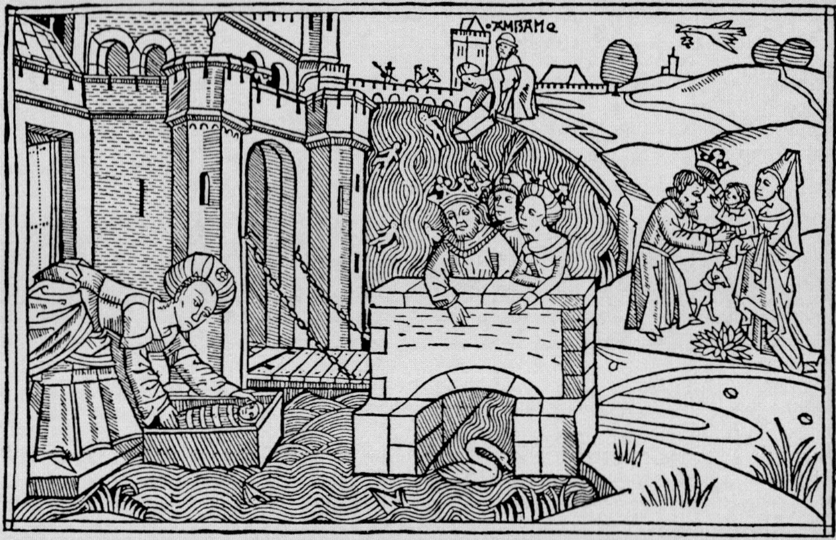

L'ENFANCE DE MOÏSE

MOÏSE ET LE BUISSON ARDENT

LA TRAVERSÉE DE LA MER ROUGE

LES TABLES DE LA LOI

L'ONCTION DE SAÜL PAR SAMUEL

DAVID ET GOLIATH

DAVID ÉCRIVANT DES PSAUMES

LE JUGEMENT DE SALOMON

SOMMAIRE

LA BIBLE
LE LIVRE, LES LIVRES

Pierre Gibert

DÉCOUVERTES GALLIMARD
RELIGIONS

Multiplicité de livres, langues et genres littéraires, la bibliothèque Bible se présente aussi comme un Livre divisé en deux parties d'inégales longueurs, l'Ancien et le Nouveau Testament, reliés l'un à l'autre par Jésus, le Christ, au nom des «Écritures» qu'il «accomplit» et de la «nouvelle Alliance» qu'il inaugure.

CHAPITRE PREMIER

UN MOT, DEUX TESTAMENTS, UNE BIBLIOTHÈQUE

Qu'il compose un livre, recueille des traditions orales, rassemble des textes épars et les regroupe, copie ou recopie, le scribe est le premier artisan de la Bible dans la multiplicité de ses livres et formes d'expression. Simple secrétaire, véritable historien ou auteur de poèmes, collecteur de proverbes et sentences ou commentateur théologien, il participe à l'«inspiration» de cette œuvre désormais reçue comme un ensemble unique. En même temps, le «Livre» portera une symbolique forte comme «Parole de Dieu», «Écritures saintes». Le Nouveau Testament verra en Jésus-Christ celui qui, au terme de la succession des Prophètes, est expression de la Parole divine. C'est ce que symbolise cette image de l'Enfant Jésus reposant sur le Livre comme sur un berceau, évoquant Moïse sur les eaux du Nil.

Qu'est-ce que «la Bible»?

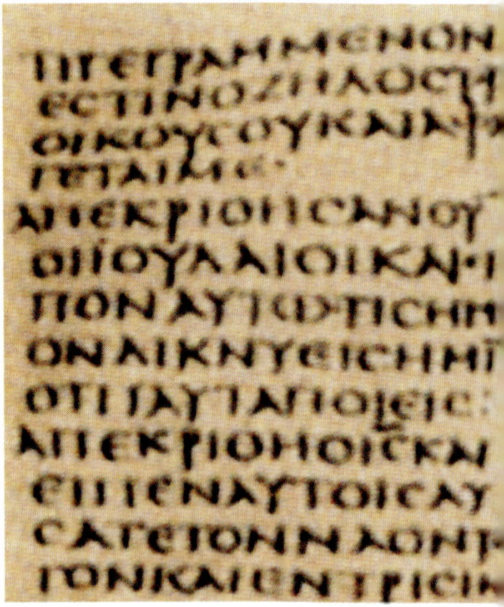

Il n'est peut-être rien de plus célèbre ni de moins connu à la fois que ce livre qui n'en est pas un. Désigné par un nom féminin singulier, la Bible, il court déjà le risque du malentendu. Car le mot Bible ne correspond nullement au terme qu'il prétend traduire.

À l'origine, il y a un neutre pluriel grec, τα βιβλια, qui signifie «les livres» et correspond à la réalité de la bibliothèque qu'est la Bible. Mais ce féminin singulier, que le français a hérité du latin, en dit aussi quelque chose : une tendance à constituer au long d'une histoire une unité, ce que l'on entend plus ou moins en parlant désormais de «la Bible». Cependant, la désignation grecque τα βιβλια, quoique plus ancienne que l'autre désignation, est loin des origines de cette bibliothèque, laquelle fut et reste d'abord hébraïque quant à la langue, israélite et juive quant à la religion, avant de devenir chrétienne.

Deux Testaments

L'avènement du christianisme au Ier siècle de notre ère fait surgir une distinction qui divise aujourd'hui la Bible en deux parties inégales, l'Ancien Testament et le Nouveau Testament. Là encore, ces deux expressions ne correspondent pas exactement à ce qu'elles semblent recouvrir au premier sens.

L'expression «Ancien Testament» tire son origine d'un document du Nouveau Testament, la deuxième épître de saint Paul aux chrétiens de Corinthe (II Co, 3, 4-18). Selon ce texte plutôt polémique, l'«Ancien Testament» désigne ce qui ne peut être lu et donc compris que par ceux qui sont devenus «serviteurs d'une nouvelle Alliance» (II Co, 3, 6), c'est-à-dire les chrétiens. Mais ce «privilège» est la conséquence de l'avènement

C'est à partir de la traduction de la Bible en grec que les Écritures purent se répandre. La Bible grecque fut adoptée d'emblée par les chrétiens qui en firent le livre le plus traduit, d'abord en guèze et en arménien, puis en latin, copte, gothique ou syriaque, et, peu à peu, dans toutes les langues connues. Au début du IIe siècle apr. J.-C., les chrétiens utilisèrent, pour les Écritures saintes, le cahier à pages (codex), de préférence au rouleau de parchemin utilisé par les juifs, imposant dès lors sa forme comme livre (ci-dessus folio de l'Évangile de saint Jean, extrait du Codex sinaïticus, codex grec du IVe siècle.

du Christ qui a fait disparaître le «voile» qui recouvrait cet «Ancien Testament» aux yeux des juifs. Autrement dit, en désignant l'Ancien Testament, Paul et, à sa suite, les chrétiens, loin de rejeter quelque chose d'«ancien» dans un passé sans intérêt, affirment que seule leur foi permet d'en dire le véritable sens. L'Ancien Testament ne désigne donc pas vraiment une partie, «ancienne», de la Bible qu'une «nouvelle» aurait abolie ou rendue caduque. La distinction entre Ancien et Nouveau Testament est justifiée par un événement historique, l'enseignement et le destin personnel de Jésus de Nazareth, né cinq ou six ans avant notre ère, il y a donc un peu plus de deux mille ans.

Une bibliothèque

Constituée par une double bibliothèque, la Bible n'est donc pas à proprement parler «un livre»,

Cette peinture allégorique de Holbein, qui met face à face des scènes de l'Ancien (à gauche) et du Nouveau Testament (à droite), privilégie ce dernier : en effet, l'arbre est mort du côté «Ancien» alors qu'il verdoie du côté «Nouveau». L'homme assis, appelé par Isaïe, se tourne vers Jean-Baptiste; tandis que le seul sauveur vainqueur de la mort, le Christ, surgit du tombeau. Du côté de l'Ancien Testament sont oubliés le péché d'Adam et d'Ève et la Loi donnée à Moïse dont la tombe reste close.

même si elle est souvent considérée comme «le Livre» par excellence, au sens sacral du terme, selon certaines habitudes et traditions qui en font «le Livre des juifs et des chrétiens». Pourtant ni le judaïsme ni le christianisme ne peuvent être dits véritablement «religions du Livre», ni leurs adeptes «gens du Livre», ainsi que le Coran les désigne.

Cette double bibliothèque a tendu, à partir d'une période, à une certaine unification, phénomène dû à un ensemble de circonstances, exigences doctrinales et décisions plus ou moins perceptibles dans le cours de son histoire.

Pour l'hébreu, langue à écriture alphabétique, dont témoigne ce très ancien document dit «calendrier de Gézer» du Xe siècle avant notre ère, les témoignages anciens ou simplement contemporains des différents Livres bibliques sont rares. C'est seulement en 1947, avec la découverte dans onze grottes du site de Qumrân, aux environs de la mer Morte, de parchemins conservés dans des jarres scellées (à droite, une de ces jarres), que l'on obtint des manuscrits datables sans doute du IIIe siècle avant notre ère jusqu'à la première guerre juive (66-70).

Des langues

La Bible, encore désignée comme «Écriture» ou «les Écritures» – bien que ces termes s'appliquent d'abord au seul Ancien Testament –, existe naturellement grâce aux langues dans lesquelles elle a été rédigée. Ces langues sont au nombre de trois : la plus ancienne, l'hébreu, celle de la majeure partie de l'Ancien Testament; l'araméen, tardivement adopté, pour quelques livres et pour quelques passages de livres écrits par ailleurs en hébreu; le grec enfin, qui ne fut pas seulement la langue dans laquelle certains livres ont été rédigés ou la langue du Nouveau Testament, mais aussi celle dans laquelle tout l'Ancien Testament fut traduit deux siècles avant l'ère chrétienne. La Bible n'est donc pas l'expression d'une langue unique, même si l'hébreu reste prévalent.

L'hébreu

Comme langue écrite, l'hébreu, qui appartient au groupe des langues sémitiques, n'est guère connu avant le XIe siècle avant notre ère. Le plus ancien texte repéré en est le «calendrier agricole de Gézer» en paléo-hébreu, généralement daté du Xe siècle, et qui est peut-être un simple exercice d'écriture rédigé en caractères phéniciens. C'est précisément

au génie des Phéniciens qu'Israël doit sans doute le déploiement possible de son écriture dès les IXe et VIIIe siècles avant notre ère. En effet, quelques siècles plus tôt, au XVe siècle, ce peuple de marins et de marchands avait mis au point l'écriture alphabétique en vingt-deux caractères. Par-delà les complexes écritures idéogrammatiques et syllabiques de Sumer, de l'Égypte et de la Mésopotamie, Israël se voyait doté, pour entrer dans l'Histoire et dans l'histoire de l'écriture, d'un instrument commode, simple et, pour ainsi dire, à la portée de tous.

Israël allait ainsi, entre le Xe et le VIIIe siècle, développer son écriture. En témoignent un certain nombre d'inscriptions datées de cette époque, soit sur des tessons de poteries, les *ostraca*, soit sur de la pierre, stèle ou rocher.

Plus difficile est la datation des livres rédigés en hébreu. Ces livres, comme tout texte, qu'il soit narratif, législatif, poétique… relèvent d'une élaboration plus ou moins étalée dans le temps. D'autre part, ils nous sont parvenus par copies successives dont les plus anciennes que nous possédons ne sont guère antérieures à l'ère chrétienne; et encore ne s'agit-il que de fragments tout au plus d'un Livre, celui d'Isaïe, retrouvé en 1947 à Qumrân, près de la mer Morte.

Plusieurs des manuscrits de Qumrân (ci-dessus) relevaient de la doctrine d'une communauté juive identifiable à celle des Esséniens, tandis que les manuscrits de l'Ancien Testament confirmaient largement la fidélité de la transcription des manuscrits faite jusqu'au moment de l'invention de l'imprimerie.

De ce fait, le plus ancien exemplaire de l'Ancien Testament complet en hébreu que nous ayons date du début du XIe siècle de notre ère; il est conservé à la bibliothèque de Saint-Pétersbourg. Et malgré les risques de détériorations que la copie manuscrite a fait courir aux livres bibliques, soit par la distraction des scribes, soit par quelque intervention intempestive de leur part en vue notamment d'«éclairer» le texte, les recoupements qui ont pu être faits entre ce manuscrit tardif et des fragments plus anciens ont plutôt confirmé une fidélité confinant au scrupule de la part de ces humbles et obscurs serviteurs des textes que furent tous ces scribes, de la plus haute Antiquité jusqu'à l'invention de l'imprimerie au XVe siècle.

L'araméen

L'araméen est chronologiquement la deuxième langue biblique. Comme l'hébreu, il appartient au rameau des langues sémitiques anciennes. S'il n'a laissé que peu de traces dans l'Ancien Testament, il n'est pas négligeable pour autant.

Même s'il est difficile de dire lequel, de l'hébreu ou de l'araméen, a précédé l'autre dans l'oralité, il est

Écriture araméenne sur la stèle funéraire du prêtre Agbar, en Syrie, VIIe siècle av. J.-C.

clair que les Araméens qui entourent Israël au nord adoptent l'alphabet phénicien dès le XIe siècle. Leur langue se répandra progressivement dans le Proche-Orient comme langue commerciale et diplomatique. Les Hébreux, ou Israélites, la croiseront et l'adopteront au moment de l'Exil à Babylone, à la fin du VIe siècle, ce qui les conduira à adopter également leur forme d'écriture, qu'on appelle aujourd'hui l'«hébreu carré», celui que nous connaissons.

Selon un livre biblique, le Livre de Néhémie, c'est le scribe Esdras qui, au retour de l'Exil, à Jérusalem, proposa la «traduction» de la Loi de façon que tout le monde puisse comprendre. Cette notation est importante : non seulement elle montre un changement de langue et donc l'ouverture à une seconde langue, mais elle montre aussi le primat de l'intelligence du texte sur la langue, l'hébreu en l'occurrence, qui, aussi originelle soit-elle, n'est pas exclusivement sacralisée. Signalons qu'à l'avènement du Christ, la plupart des Juifs, du moins ceux qui étaient à Jérusalem, en Judée et en Galilée, parlaient l'araméen, parfois désigné alors comme la «langue des Pères», l'hébreu étant devenu langue liturgique pour la lecture à la synagogue et langue des cercles de savants.

AAu retour de l'Exil (et grâce à l'action du scribe Esdras, ci-dessus), l'araméen s'imposera comme la langue courante, avec d'abord la traduction orale de la Loi, notamment par le procédé des *Targoums*, traductions glosées du texte hébreu. Peu à peu, des livres sont écrits en araméen et certains peut-être traduits d'un original hébreu, comme le Premier Livre des Maccabées et celui de Tobie. La pratique de cette langue, parlée par Jésus et ses disciples, se perpétua jusqu'à cette époque. Selon une tradition, Matthieu aurait écrit la première version de son Évangile en araméen.

Le grec et la Septante

Sur les traces d'Alexandre le Grand, entre 336 et 323, le grec fit aussi dans le monde juif une entrée fracassante. En fait, malgré sa puissance culturelle, cette langue ne supplanta pas l'hébreu, mais elle contribua à l'ouverture du monde juif pourtant étranger à la culture véhiculée par le grec. Depuis le Ve siècle, c'est-à-dire depuis l'Exil à Babylone, le monde juif n'occupait plus seulement son territoire. Il se trouvait également dispersé autour de la Méditerranée, jusque dans l'aire culturelle grecque et jusqu'à Rome même. Au IIIe siècle, la communauté juive d'Alexandrie en Égypte était suffisamment importante pour que la fameuse bibliothèque demande que «la Loi» des juifs soit traduite en grec. Cette traduction, qui est connue sous le nom de «Septante», à cause de la légende selon laquelle soixante-dix traducteurs isolés auraient abouti sans se concerter à un même texte, présente, en effet, un premier ensemble avec les cinq premiers Livres ou «Pentateuque», tels qu'ils sont connus aujourd'hui sous le mot hébraïque *Torah*, qui signifie précisément «Loi».

La traduction de la Septante, ou plus exactement la «Bible d'Alexandrie», comme on la désigne depuis lors, ouvre la Bible sur le monde païen, même si celui-ci ne la recevra vraiment qu'avec le christianisme.

Contrairement à la légende, la traduction des soixante-dix sages isolés sur l'île de Pharos (à droite) montre des talents très différents, certains Livres étant assez littéralement traduits, d'autres plus lâchement, certains (comme le Livre de Job), très mal. Ici, papyrus de Septante du Ier siècle av. J.-C.

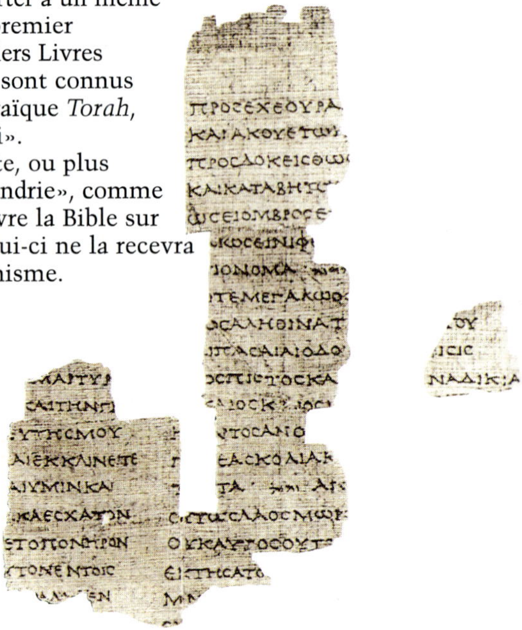

Des livres au Livre : Bible et Canon

Comme le montre cette traduction, on peut considérer que la bibliothèque «Bible» offre, au seuil de l'ère chrétienne, une première organisation. On ne peut pourtant pas encore parler de «fixation du Canon» dans la mesure où elle est encore susceptible d'être augmentée : des Livres lui seront ajoutés qui seront écrits directement en grec jusqu'aux deux ou trois décennies qui précèdent la naissance du Christ.

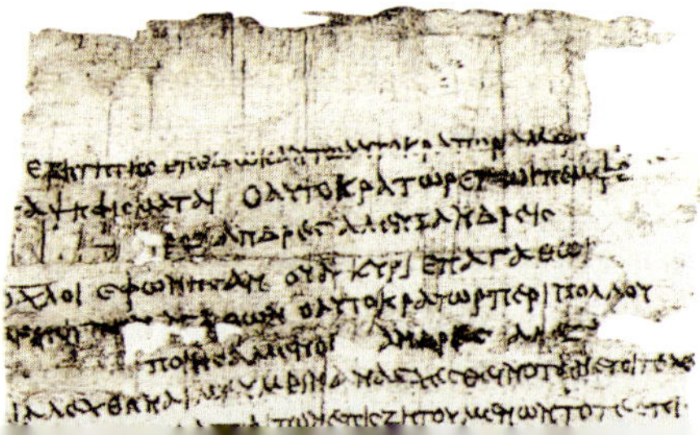

D'autre part, un certain nombre de communautés, plus ou moins sectaires, se constituent alors des bibliothèques qui reçoivent leurs propres écrits. Les Écrits de Qumrân sont peut-être un témoin de cet état de choses antérieur à la fixation du Canon. Quoi qu'il en soit, la Septante permet de repérer une étape décisive de la constitution de l'ensemble des «Écritures» comme tel, synonymement désigné par «la Loi et les Prophètes» (ou «Moïse et les Prophètes») et ce, bien avant l'avènement du christianisme.

Cet avènement, s'il marque l'étape caractéristique de l'intégration du Nouveau Testament et donc de l'accroissement important de la bibliothèque Bible, provoquera à la fin du Ier siècle une réaction qui aboutira à la clôture de cette bibliothèque. La détermination d'un «Canon» des Écritures, selon un mot grec qui signifie «règle», allait définir (réguler) et donc limiter le nombre des Livres bibliques qui se trouveraient de ce fait reliés en un seul Livre.

Le passage de l'hébreu au grec posa des problèmes, tant les distances culturelles étaient grandes et les histoires différentes. Ses traducteurs disposant de manuscrits hébreux aujourd'hui disparus, la Septante présente des différences avec les bibles hébraïques (Jérémie, Deutéronome par exemple), certaines traductions étant des interprétations du texte original. Ainsi, la «jeune femme enceinte» d'Isaïe 7, 14 fut rendue par le grec παρθενος, la «vierge», ce qui permit au christianisme naissant d'y voir une prophétie explicite de la naissance virginale de Jésus.

La séparation des juifs et des chrétiens

Au départ pourtant, les disciples du Christ ne se distinguaient pas du peuple juif tant d'un point de vue national que religieux. Ce peuple était alors traversé de très nombreux courants de doctrines, d'opinions, de tendances les plus diverses et les plus opposées de sorte que le christianisme put d'abord apparaître comme un de ces courants. La prise de Jérusalem par Titus en l'an 70 de notre ère, en dispersant l'élite intellectuelle des Juifs de Jérusalem et en conduisant un certain nombre d'entre eux à Jamnia (ou Jabné), au sud de Jaffa, sur la côte méditerranéenne, serait l'occasion qui aurait provoqué la fixation de la liste des Livres bibliques, c'est-à-dire l'établissement du Canon des Écritures, marquant une étape décisive, voire définitive, dans l'élaboration de la Bible.

Autant qu'on puisse saisir ce qui se passa réellement dans cette «assemblée» qui se tint pendant les trois dernières décennies du siècle, deux ordres de débats marquèrent les travaux : d'une part, l'acceptation ou le rejet de Livres discutés, aussi anciens et hébraïques soient-ils

Commémoration de la prise de Jérusalem par Titus en 70 et de son retour triomphal à Rome, l'arc de Titus montre aussi la fin du Temple et du culte unique qui lui était propre. Pillés par les Romains, les objets sacrés du Temple, comme le chandelier à sept branches et les trompettes d'argent, y sont scrupuleusement représentés. Cette catastrophe nationale et religieuse allait confirmer le judaïsme dans des formes religieuses adaptées à la Diaspora (ou dispersion à travers les nations), en particulier l'institution de la synagogue, la valorisation de la Loi et de ses interprétations.

Après la dispersion du peuple juif dès le IIe siècle, le judaïsme rabbinique allait développer une grande activité manuscrite pour la reproduction non seulement des livres bibliques, mais de tous les livres liturgiques, commentaires de la Loi, traditions diverses, Talmud, etc. Très soigneusement copiés, d'une esthétique graphique compensant parfois l'interdit de représentations figurées, beaucoup de manuscrits hébraïques s'attachaient à donner une représentation didactique des livres. Ici, une «table des matières» d'une bible hébraïque castillane du XIIIe siècle dressant la liste des vingt-quatre livres qui la composent.

comme le Cantique des cantiques, l'Ecclésiaste (ou Qohélet) et les neufs derniers chapitres du Livre d'Ézéchiel, et d'autre part l'appréciation des écrits chrétiens.

Si les premiers furent finalement acceptés, les autres furent rejetés et rejetés avec eux les Livres, pourtant juifs, écrits ou conservés en grec, comme l'Ecclésiastique (ou Siracide), les Livres des Maccabées et le Livre de la Sagesse. La Septante dans son intégralité fut prise dans cette exclusion au bénéfice naturellement du seul texte hébraïque.

Des canons chrétiens

Polémiquement établi contre les chrétiens, le canon hébraïque des Écritures se trouvait ainsi institué en droit et en doctrine. Les chrétiens héritèrent malgré tout de ce concept, mais en conservant les Livres «grecs» ainsi que la traduction de la Septante qui devint la Bible de leurs premiers siècles et qui fut à l'origine des premières traductions, en guèze (éthiopien) et en arménien. Cependant, il ne faut pas négliger un autre principe de canonicité, qui présida essentiellement au canon chrétien des Écritures, le Christ lui-même. En s'y référant pour expliquer

Présidant au Canon chrétien des Écritures qui relie Ancien et nouveau Testament, le Christ est ici entre l'Église et la Synagogue, représentation classique du Moyen Âge à l'âge baroque. D'une apologétique antijudaïque évidente, ces représentations ne cherchent pourtant pas à ridiculiser la Synagogue, figurée sous les traits d'une femme aussi belle que celle symbolisant l'Église, mais aveuglée d'un bandeau. Son corps reste dans la lumière proche du Christ, même si la hampe de son étendard est brisée et la Torah couronnée renversée. Cette image évoque aussi la proximité des chrétiens obligés de se situer doctrinalement par rapport aux juifs. Au XVIe siècle, avec le retour à la *veritas hebraica* du texte biblique, certains humanistes iront jusqu'à demander à des rabbins de leur enseigner l'hébreu et à discuter avec eux du sens du texte.

son enseignement et surtout son destin, il en marquait du même coup la clôture; en «accomplissant» les Écritures, il les achevait. Ainsi, du point de vue chrétien, un triple phénomène se trouverait ici consacré : l'acceptation du principe de canonicité que le Christ avait pour ainsi dire déjà proposé par sa référence à ces Écrits antérieurs; la liberté de répandre le message de l'Ancien Testament et celui du Christ lui-même dans une langue, le grec, puis dans des langues comprises par les nouveaux convertis; enfin, et par avance, l'idée d'une clôture de l'ensemble des Écrits appelés à devenir le Nouveau Testament.

Tout en prônant la lecture de la Vulgate, traduction latine de la Bible par saint Jérôme, le concile de Trente (à droite) permit un renouveau biblique dans la formation chrétienne, ce que manifestèrent aussi les arts, que ce soit en peinture, en musique, et même au théâtre.

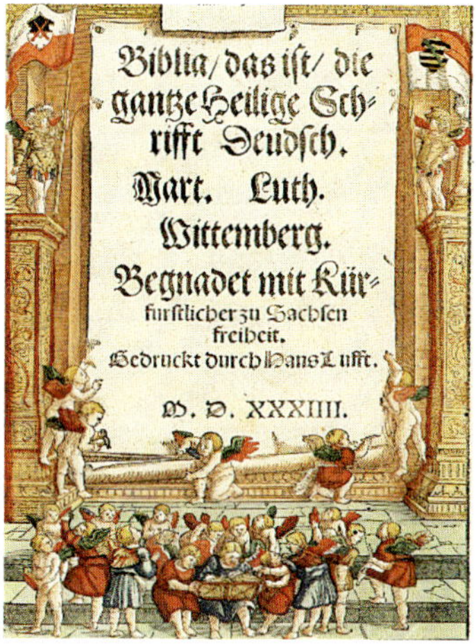

Mais ce dernier canon se ferait progressivement, par une sorte de consensus, que les grands conciles doctrinaux du Vᵉ siècle officialiseraient. Plus tard, notamment au moment des Réformes protestante et catholique du XVIᵉ siècle, la question du Canon serait à nouveau posée, les disciples de Luther s'en tenant finalement au canon juif de Jamnia pour l'Ancien Testament, tandis que le concile de Trente, pour les catholiques, garderait les Livres grecs «ajoutés» au texte hébreu.

Ainsi se trouverait constituée cette Bible reçue aujourd'hui en Ancien et Nouveau Testament, même si demeurent non seulement la différence d'avec les juifs qui récusent naturellement le Nouveau Testament, mais aussi celle entre catholiques et protestants. Ces derniers reçoivent trente-neuf Livres pour l'Ancien Testament, tandis que les catholiques en reçoivent quarante-six.

Le concile de Trente, qui fixa le canon catholique, marqua sa défiance à l'égard des traductions en langues vivantes favorisées par la Réforme protestante. La plus célèbre est celle de Luther en langue allemande (ci-dessus).

Comment se présente la Bible?

La Bible, divisée en Ancien et Nouveau Testament, se présente donc sous la forme d'une suite de Livres. Selon la tradition hébraïque, on distingue trois parties dans l'Ancien Testament : tout d'abord la Torah, ou Loi, (Genèse, Exode, Lévitique, Nombres et Deutéronome); puis les Prophètes subdivisés en «Prophètes antérieurs» et «Prophètes postérieurs» (par les premiers on désigne les Livres «historiques» et par les seconds, les recueils des «prophètes» proprement dits); enfin «les Écrits» qui regroupent des Livres de genres littéraires différents, principalement poétiques, liturgiques et sapientiaux (de sagesse), même s'ils recouvrent également des Livres historiques ou qui se présentent comme tels.

Bible hébraïque	**Bible chrétienne**
Ancien Testament	
Torah ou Loi Genèse, Exode, Lévitique, Nombres et Deutéronome.	**Pentateuque** Genèse, Exode, Lévitique, Nombres et Deutéronome.
Prophètes «Prophètes antérieurs» Josué, Juges,I et II Samuel, I et II Rois «Prophètes postérieurs» Isaïe, Jérémie, Ézéchiel et les douze Osée, Joël, Amos, Abdias, Jonas, Michée, Nahum, Habaquq, Sophonie, Aggée, Zacharie et Malachie.	**Livres historiques** Josué, Juges, Ruth, I et II Samuel, I et II Rois, I et II Chroniques, Esdras, Néhémie, *Tobie*, Judith, Esther, *I et II Maccabées*. **Livres poétiques et sapientiaux** Job, Psaumes, Proverbes, Ecclésiaste ou Qohélet, Cantique des cantiques, *Livre de la Sagesse* et *Ecclésiastique (ou Siracide)*. **Livres prophétiques** Isaïe, Jérémie, Lamentations, Baruch, Ézéchiel, Daniel, Osée, Joël, Amos, Abdias, Jonas, Michée, Nahum, Habaquq, Sophonie, Aggée, Zacharie et Malachie.
Écrits Psaumes, Job, Proverbes, Ruth, Cantique des cantiques, Ecclésiaste ou Qohélet, Lamentations, Esther, Daniel, Esdras (et Néhémie), I et II Chroniques.	**Nouveau Testament** **Livres historiques** les quatre Évangiles (Matthieu, Marc, Luc et Jean), les Actes des Apôtres. **Épîtres ou lettres** Épîtres de Paul, Épître aux Hébreux, «Épîtres catholiques» (Jacques, Pierre, Jean et Jude). **Apocalypse**

Tous les Livres bibliques, de l'Ancien comme du Nouveau Testament, sont divisés en chapitres, eux-mêmes divisés en versets d'une, deux ou trois phrases. Cette division est universellement acceptée, tant dans le judaïsme que dans le christianisme, et intégrée à toutes les versions, traductions et éditions de la Bible. Les différents Livres bibliques sont désignés par une abréviation. Ainsi, «Gn, 20, 1-4» indiquera : Livre de la Genèse, chapitre 20, versets 1 à 4; «Rm, 3, 1-4, 2» indiquera : Épître aux Romains, du chapitre 3 verset premier au chapitre 4, verset 2. On précise parfois la désignation d'un verset en ajoutant à son numéro les lettres a, b, c, ce qui indique la première, la deuxième, la troisième phrase ou proposition dudit verset. Il n'y a pas de code des abréviations des Livres, même si un certain consensus se fait autour des principales. Chaque édition donne généralement la liste de ses abréviations.

Ce tableau présente les différents Livres qui composent Bible hébraïque et Bible chrétienne. Dans cette dernière, les livres en italiques ne font pas partie du canon protestant.

De façon plus habituelle, le Canon catholique, celui qui compte le plus de Livres pour l'Ancien Testament, se compose du Pentateuque (Genèse, Exode, Lévitique, Nombres et Deutéronome); des Livres historiques (Josué, Juges, Ruth, I et II Samuel, I et II Rois, I et II Chroniques, Esdras, Néhémie, Tobie, Judith, Esther, I et II Maccabées); des Livres poétiques et sapientiaux (Job, Psaumes, Proverbes, Ecclésiaste ou Qohélet, Cantique des cantiques, Livre de la Sagesse et Ecclésiastique ou Siracide); enfin, des Livres prophétiques (Isaïe, Jérémie, Lamentations, Baruch, Ézéchiel, Daniel, Osée, Joël, Amos, Abdias, Jonas, Michée, Nahum, Habaquq, Sophonie, Aggée, Zacharie et Malachie). De leur côté, les éditions protestantes ne contiennent pas les «deutérocanoniques» (relevant d'un «second canon»), c'est-à-dire Tobie, Judith, I et II Maccabées, Sagesse, Siracide, Baruch et certaines parties d'Esther et de Daniel. Le Nouveau Testament comprend des Livres historiques, les quatre Évangiles (Matthieu, Marc, Luc et Jean) et les Actes des Apôtres; une série d'Épîtres ou lettres adressées à différentes communautés chrétiennes (Épîtres de Paul), l'Épître aux Hébreux, les «Épîtres catholiques» (Jacques, Pierre, Jean et Jude); et un Livre particulier, l'Apocalypse, qui clôt la Bible chrétienne.

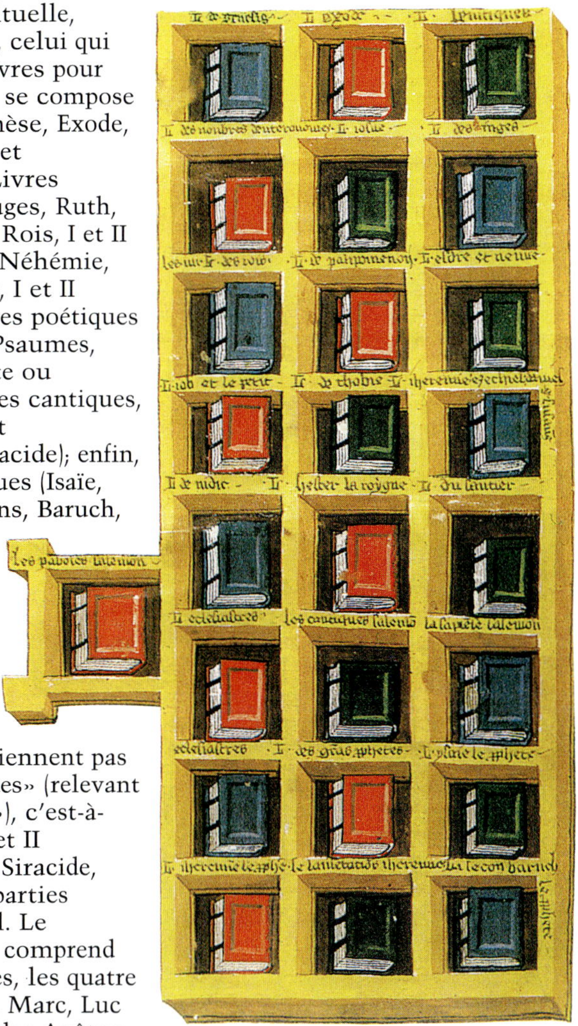

Cette table des Livres d'une «bible historiale» du XIVe siècle visualise, de façon ditactique et symbolique, la «bibliothèque» Bible.

Des récits de la création de l'univers aux derniers livres «historiques» à la veille de l'ère chrétienne, la Bible marque une prédominance pour l'histoire selon les conceptions de l'Antiquité, comme selon ses conceptions religieuses propres. La variété des styles, l'intégration de genres littéraires de type légendaire, le souci d'expliquer les catastrophes au nom de l'infidélité à la Loi divine caractérisent cette historiographie.

CHAPITRE 2

DES LIVRES D'HISTOIRE

«Dieu dit : «Que les eaux qui sont sous le ciel s'amassent en une seule masse et qu'apparaisse le continent» et il en fut ainsi. Dieu appela le continent «Terre» et la masse des eaux «mers», et Dieu vit que cela était bon.» (Gn, 1, 9). «Dieu créa l'homme à son image, à l'image de Dieu il le créa, homme et femme, il les créa.» (Gn, 1, 27). A gauche, création de la Terre et de la mer; ci-contre, Dieu avec Adam et Eve.

«Au commencement, Dieu créa le ciel et la terre»

Ouvrir la Bible, c'est entrer immédiatement dans du récit introduit d'emblée par un commencement. Dès les premiers mots du premier Livre, la Genèse, s'inaugure une succession d'actes qui ont d'abord Dieu pour unique acteur et héros. L'apparition des humains dépend naturellement de cet acte créateur qui fait surgir un premier couple, homme et femme, duquel naissent un premier, puis un deuxième, puis un troisième fils!

Adam et Ève, les premiers parents, Caïn, Abel et Seth, les premiers enfants, sont tous les héros d'une histoire dramatique : d'abord par l'expulsion des parents d'un jardin parfait, l'Éden, en raison de leur désobéissance à Dieu, par le fratricide ensuite commis par Caïn sur Abel. Mais cette histoire n'est que le préambule d'une longue histoire qui, sur douze Livres, de la Genèse au Deuxième Livre des Rois, aboutit à un moment précis et relativement tardif : la déportation, en 587 avant notre ère, des habitants de Jérusalem après le siège de la ville par le souverain de Babylone.

De la Loi à l'Histoire

Ces douze Livres, rattachés les uns aux autres par un jeu de transitions plus ou moins

artificielles, ce qui en fait intentionnellement une histoire continue, ne sont traditionnellement pas présentés selon cette unification, mais divisés en deux grandes parties, «la Loi» et «les Livres prophétiques».

Les cinq premiers Livres – la Genèse, l'Exode, le Lévitique, les Nombres et le Deutéronome –, regroupés sous le terme hébraïque de Torah, ou Loi, et sous celui d'origine grecque de Pentateuque, ont un statut spécial, canonisé pour ainsi dire par le concept même de «Loi». Ils enferment et explicitent la Loi donnée par Dieu même à son peuple, le peuple hébreu. Malgré cela, la partie narrative, qui inclut des parties législatives, reste la plus importante.

Les sept autres Livres, Josué, Juges, Ruth, les deux Livres de Samuel et les deux Livres des Rois, entrent dans une autre section, soit qu'on les classe comme «Livres historiques», soit qu'à la suite de la Bible hébraïque on les laisse dans la catégorie des «Livres prophétiques» (ou «Prophètes antérieurs»).

Les textes bibliques proposent plusieurs conceptions sur les origines du monde. Ainsi, la Genèse offre deux récits différents de la création du monde et de l'homme. L'un (Gn, 1, 1-2, 4a) raconte une création en six jours avec les étapes ayant abouti à la naissance de l'homme. L'autre (Gn, 2, 4b-25) se centre sur la création de l'homme et de la femme, évoquant le premier Eden et posant le problème de l'origine du mal et de l'humaine condition. Le livre des Maccabées propose une création «à partir de rien» (2 Mac, 7) .Ces deux manuscrits enluminés disent aussi ces façons multiples de concevoir les débuts de l'univers, de l'humanité et de l'Histoire, c'est-à-dire de moments radicalement insaisissables. Sur le manuscrit juif (à gauche), le premier mot de la Genèse, Bereshit («Au commencement»), est entouré d'illustrations évoquant l'ensemble de l'histoire du peuple d'Israël. De leur côté, les «bandes dessinées» du manuscrit chrétien (ci-contre) racontent la création du ciel et de la Terre, des plantes et des animaux et du premier couple humain, et investissent la représentation de Dieu d'une croix dans l'auréole, impliquant l'«unité» divine du Père et du Fils.

Une triple histoire : Adam, Abraham, Israël

En premier lieu, les onze premiers chapitres de la Genèse mettent en place l'histoire de l'humanité dans ses origines absolues. Cette histoire inaugure les attitudes fondamentales de l'homme face à l'univers, face à la différence des sexes, à la mort et à la violence fratricide, face à la diversité des langues, et surtout face à Dieu et à ses exigences d'obéissance et de pureté morale.

En deuxième lieu, dès le chapitre 12 de la Genèse, est rapportée l'histoire d'une famille fondée en Abraham, un «Araméen errant» à travers le Proche-Orient. Cette histoire familiale des patriarches présente les ancêtres et les événements fondateurs d'un peuple, le peuple hébreu, dont l'histoire proprement dite se constituera à partir du deuxième Livre, celui de l'Exode.

En troisième lieu, s'ouvre la longue histoire des Hébreux ou d'Israël, nom imposé à Jacob au cours d'une nuit où il eut à combattre contre un être mystérieux dont il obtint la bénédiction (Gn, 32, 23-31). Jacob, appelé désormais Israël, est devenu l'ancêtre éponyme de son peuple. Cette histoire, inaugurée au début

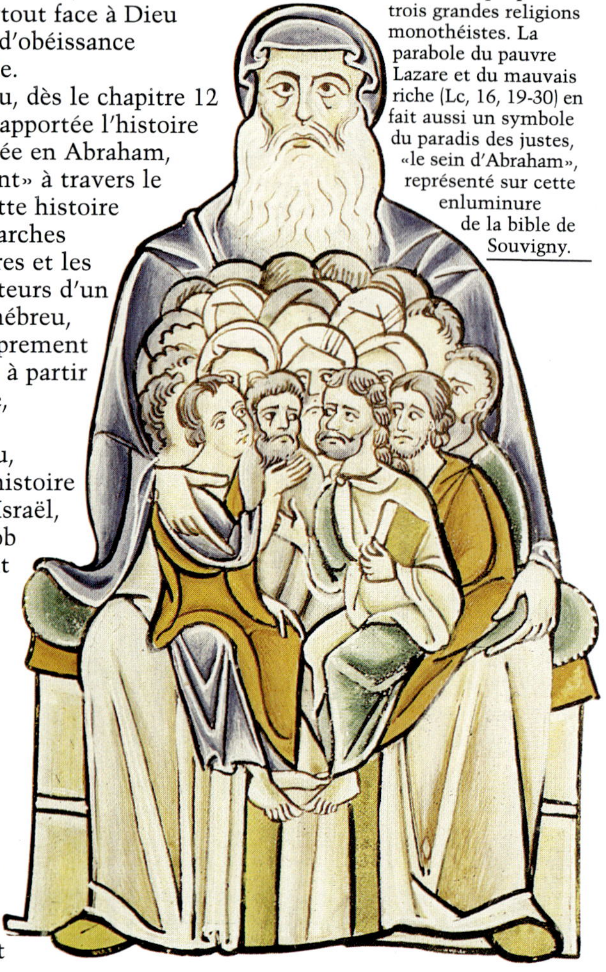

Premier patriarche, Abraham est aussi bien le père du peuple juif, qui se définit «semence d'Abraham» (Jn, 8, 33), le père des croyants pour les chrétiens, les juifs et les musulmans et donc une figure emblématique pour les trois grandes religions monothéistes. La parabole du pauvre Lazare et du mauvais riche (Lc, 16, 19-30) en fait aussi un symbole du paradis des justes, «le sein d'Abraham», représenté sur cette enluminure de la bible de Souvigny.

du Livre de l'Exode, se poursuivra sans interruption jusqu'à la fin du Deuxième Livre des Rois, avant qu'elle ne trouve suite dans une série d'autres Livres, indépendants cette fois les uns des autres.

De l'espace et des dates!

Cette histoire dessine naturellement un espace géographique, même si, «au commencement», il s'agit de tout l'univers, le ciel, la terre et ce qu'ils contiennent. Une certaine précision géographique apparaît avec l'«histoire patriarcale», au chapitre 12 de la Genèse. Abraham, l'ancêtre par excellence, évolue du delta du Tigre et de l'Euphrate jusqu'au seuil du désert du Néguev et à l'Égypte en passant par le Nord, aux confins de la Syrie et de la Turquie actuelles. Il suit donc un itinéraire sur ce qu'on appelle le «Croissant fertile».

La particularité familiale et tribale, le flou des indications du contexte historique, et surtout

Alors que Jacob a jusqu'ici conduit sa vie en trompant successivement frère, père et beau-père, plusieurs expériences mystérieuses vont en faire un «vaincu» de Yhwh, qui lui montre la supériorité de sa volonté et de son dessein. Au terme d'un combat avec un ange, Jacob est atteint dans sa force vitale. C'est en boitant qu'il reçoit le nom d'Israël – «celui qui est fort contre Dieu» –, qui en fait le père du peuple qui porte ce nom.

Les Livres historiques de la Bible sont faits pour être lus en continuité, quelle que soit la variété des genres littéraires et des éléments les composant ou des différentes époques ayant contribué à leur élaboration. La geste d'Abraham est ainsi portée par une cohérence d'épisodes qui, depuis son appel par Yhwh (son «récit de vocation») jusqu'à sa mort, manifestent, non sans paradoxes ou défis, la continuité d'une histoire à laquelle Yhwh lui-même reste fidèle. L'accueil des trois voyageurs qui confirment la promesse divine d'un fils, Isaac, issu d'Abraham et de sa femme Sara, mais aussi le sacrifice de ce fils unique, exigé par Yhwh (mais auquel est substitué un bélier), célèbrent aussi la foi du Patriarche. Cette représentation de la basilique San Vitale de Ravenne confirme bien cette continuité narrative; elle dit aussi la lecture symbolique, allégorique, qu'en fait le christianisme au milieu du VIe siècle : les Pères de l'Église «reconnaissaient» dans les trois voyageurs la figuration de la Trinité, tandis qu'ils lisaient le sacrifice d'Isaac comme la préfiguration du sacrifice du Christ sur la Croix.

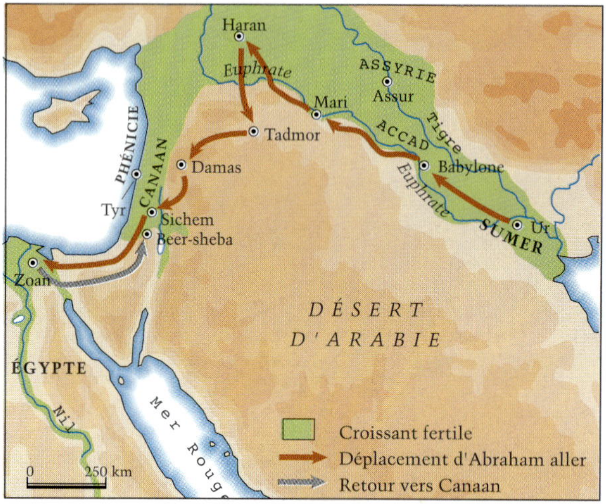

La «route des Patriarches» , selon le texte de la Genèse, épouse les zones hospitalières du «Croissant fertile», allant du golfe Arabo-Persique à l'Égypte en passant par le Nord, et laissant apparaître au centre une large zone désertique. Le contraste entre fertilité et stérilité, fleuves et sécheresses, explique l'histoire qui fait la Bible, distinguant nomades, semi-nomades et sédentaires, agriculteurs et éleveurs, ruraux et citadins, avec rivalités et guerres, alliances, déplacements et différences de sensibilités. L'histoire biblique apparaît ainsi fixée à un sol, à des localisations fondées par des récits anciens de sanctuaires, villes fortes, puits et divers lieux-dits. Une conscience religieuse particulière en ressort qui spécifie judaïsme et christianisme avec leur sens de l'histoire.

la nature des récits, empêchent de les intégrer dans une chronologie rigoureuse selon les correspondances et les parallélismes universels d'une époque précise. Cette remarque vaut pour l'histoire se poursuivant à partir du Livre de l'Exode qui présente pourtant les Hébreux comme un peuple, et non plus comme une tribu ou un clan de type familial.

Un chef : Moïse

Car il s'agit encore d'une errance. Mais cette fois, c'est celle d'un peuple sous la direction d'un chef, Moïse. De l'Égypte, celui-ci conduira ce peuple pendant «quarante ans» à travers le «désert» jusqu'au seuil du territoire sur lequel il s'installera. Là, ce peuple constituera une nation «comme les autres nations», se dotant bientôt d'un roi et d'une dynastie.

Chef religieux sans être prêtre, intermédiaire entre Dieu et le peuple dont il est le guide, légiste divinement inspiré et gardien de l'orthodoxie monothéiste comme de la morale, Moïse apparaît dans l'Exode et dans les autres Livres du Pentateuque, mais naturellement après Dieu, comme le créateur du peuple,

Lors de l'adoration du veau d'or par les Hébreux (Ex, 32), Moïse brisa les premières tables de la Loi. Les nouvelles tables, qu'il écrivit lui-même sur ordre de Yhwh, les «dix Paroles» (Ex, 34, 1-5, 28), firent partie des objets sacrés conservés au long de l'errance dans le désert, enfermées dans l'«arche d'Alliance».

de sa communauté comme de sa religion, de son présent comme de son avenir.

D'une certaine façon, les cinq Livres du Pentateuque mettent narrativement, législativement et théologiquement en place les fondements du peuple d'Israël, prêt, à la fin du Deutéronome, à se constituer en nation sur un territoire délimité.

Une histoire nationale

Cette nation se constituera progressivement à partir de la conquête de cette terre menée sous l'autorité d'un chef de guerre, Josué. Cette conquête, racontée dans le Livre de Josué, est suivie d'une époque de transition agitée marquée par l'intervention ponctuelle de personnages

Figure emblématique du judaïsme et de l'Ancien Testament, Moïse, médiateur entre Yhwh et le peuple hébreu, porte le poids de la Loi (la Torah) reçue de sa rencontre avec Yhwh sur le Sinaï.

charismatiques, les «Juges». Après quoi, la monarchie se met en place.

D'abord hésitante et même contestée par Dieu et son représentant, Samuel, cette institution voit son premier élu, Saül, périr au combat sans avoir pu assurer une dynastie. Ce sont l'avènement de David et celui de son fils Salomon à sa suite qui garantiront à la fois l'avenir dynastique et la reconnaissance divine.

Cependant, la division du royaume à la mort de Salomon dit la fragilité interne de cette nation. La partie au nord, avec bientôt Samarie comme capitale, gardera le nom d'Israël, tandis que la partie au sud, sera le royaume de Juda, avec Jérusalem pour capitale. Par là s'ouvre une histoire relativement banale dans la grandeur et les faiblesses, l'espoir et les drames de toute histoire.

Ainsi, à partir de l'installation du peuple hébreu sur sa Terre, une chronologie peut être mise en place qui touche parfois à l'histoire du Proche-Orient ancien et va en s'assurant à mesure qu'on s'approche de ce premier terme que sont la chute de Jérusalem et le départ en exil à Babylone en 587.

Dieu, ses héros et les événements

Quels que soient pour l'instant les genres littéraires qu'on peut déceler dans cette histoire, les douze Livres qui la rapportent manifestent un projet historien dont il est important de saisir les motivations et les

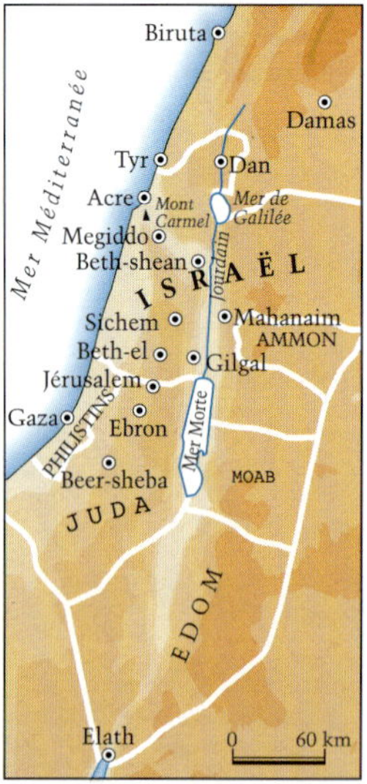

L'entrée en Terre promise avec Josué (ci-dessus) scelle l'autre promesse, faite à Abraham, d'assurer une terre à sa descendance. À partir de là, et passé l'épisode de la traversée du Jourdain, l'histoire d'Israël entre dans la banalité de l'histoire de tous les peuples, même si une vision théologique des faits identifiera longtemps les échecs du peuple et de ses rois au châtiment divin en raison des péchés de tous. Si le Livre de Josué porte encore quelques hauts faits extraordinaires, le Livre des Juges, malgré quelques «vaillances et farces» de Samson, et surtout les Livres de Samuel et des Rois, étalent sans retenue ce qui fait la réalité parfois édifiante, mais le plus souvent triviale et dramatique, des règnes, de Saül et David à Salomon et à tous leurs successeurs, jusqu'en 587.
A gauche, la carte des royaumes de David et Salomon.

Les miniaturistes, à Byzance ou en Europe jusqu'à la fin du Moyen Âge, ont puisé dans ce trésor d'histoires, constituant de véritables «bandes dessinées» sur des rouleaux de parchemin de plusieurs mètres ou en aplats de pages qu'ils exploitaient au maximum pour les détails du texte. Ce mode de représentations bibliques suscita le mot fameux de William Blake qui faisait de la Bible «le grand code de l'art», depuis les bas et hauts-reliefs de sarcophages et les mosaïques des premiers siècles du christianisme jusqu'aux fresques et vitraux qui couvriraient des centaines de mètres carrés dans les églises et cathédrales de la chrétienté médiévale.

Ces miniatures (ci-contre) de la Bible de Souvigny (fin du XIIe siècle) racontent des épisodes de la vie du roi David : le jeune berger reçoit l'onction du prophète Samuel (en haut), quitte son troupeau et se propose pour combattre le géant philistin (au centre); abat Goliath grâce à sa fronde et en apporte la tête au roi Saül (en bas). David deviendra roi d'Israël à la mort de Saül.

principaux procédés avant de repérer d'autres ressorts de composition déterminés par différents genres littéraires.

Cette histoire se présente naturellement sous la forme d'une suite narrative d'événements s'enchaînant les uns les autres comme causes et effets. Mais cela n'empêche nullement qu'un certain nombre de ces événements et, corrélativement, qu'un certain nombre de personnages se voient accorder une importance qui, manifestement, oriente et précise la portée de cette histoire. S'y ajoutent, en surimpression ou en fil rouge, des thèmes qui s'organisent en corps de doctrine.

אלהים

Dieu, premier personnage

Dans la toute première page de la Bible, au Livre de la Genèse, Dieu est le Créateur de tout. Unique comme divinité et comme créateur, Il inaugure l'histoire de l'humanité avec laquelle Il apparaît en familiarité et donc dans une grande proximité.

S'Il reçoit de nombreux titres et qualificatifs, Il est habituellement désigné sous trois noms : El, Elohim et Yhwh. Le premier, El, est une sorte de nom commun, même si, à l'origine, dans le panthéon mésopotamien, il a pu servir à désigner un dieu particulier. Correspondant au θεος grec qu'utilise la traduction de la Septante, ou au *deus* latin choisi par saint Jérôme pour la traduction dite de «la Vulgate», il est habituellement traduit en français par «Dieu». Elohim lui sert de synonyme. Originellement, il s'agit d'un pluriel qui est d'ailleurs utilisé, ici ou là, dans l'Ancien Testament, pour parler effectivement des «dieux» Mais il sert surtout à désigner le Dieu unique. Yhwh (ou Yahvé) correspond aux quatre lettres (le tétragramme) dont la tradition juive veut qu'elles soient imprononçables. Tardivement phonétisées avec les points-voyelles d'Adonaï qui signifie «Seigneur», ce

Israël héritera de dénominations divines venant de l'arrière-fond religieux du Proche-Orient ancien. C'est le cas de El, dieu cananéen représenté ici au XIIIe siècle av. J.-C.

Malgré leur richesse et leur quasi-suprématie dans l'ensemble biblique, les récits ne se réduisent pas aux «histoires» qu'ils rapportent. Leur motivation ultime est l'interprétation théologique qui induit que Dieu, le Dieu unique, Yhwh ou El ou Elohim (page de gauche, en haut), est à la fois le héros et le maître de cette histoire (ci-contre, *Le Dieu créateur* de William Blake, au XIXe siècle). C'est une véritable «histoire» de Dieu qui se manifeste dans la Bible, dont le combat d'Israël n'est évidemment pas la moindre péripétie, marquée notamment par l'interdit de l'image taillée de la divinité, au point de rendre imprononçable le nom même du Dieu d'Israël.

nom est sans doute le plus spécifique de la Bible pour désigner le Dieu unique.

Ce Dieu unique apparaît aussi dès la Genèse comme l'initiateur de l'histoire qu'Il va suivre tout au long de la Bible, même si cette attention prendra des formes différentes, en dépendance de l'évolution des représentations et de Dieu et de l'Histoire en Israël.

Les humains et les événements

Les personnages humains sont évidemment nécessaires pour cette histoire dominée par leur

“Moïse dit à Dieu : «Voici! Je vais aller vers les fils d'Israël et je leur dirai : "Le Dieu de vos pères m'a envoyé vers vous." S'ils me disent : "Quel est son nom?" que leur dirai-je?» Dieu dit à Moïse : «Je suis qui je serai.» Il dit : «Tu parleras ainsi aux fils d'Israël : JE SUIS m'a envoyé vers vous.»”

Exode, 3, 13-14

«dialogue» avec Dieu. Dès le commencement, le premier couple humain, Adam et Ève, mais aussi leurs enfants, Caïn et Abel, constituent ces figures qui, jusqu'à l'avènement de la monarchie, vont se dresser tout au long de l'histoire pour la dominer soit de leurs qualités et hauts faits, soit de leurs erreurs, voire de leurs crimes. Mais tous entrent dans cette histoire comme des acteurs en relation étroite avec Dieu, quels que soient les modes de cette relation : dialogues directs dans l'Éden originel, appels divins dans le rêve, la vision ou le feu...

Corrélativement, les événements qu'ils subissent, qu'ils marquent ou qu'ils provoquent, constituent la grande imagerie de cette histoire à laquelle ils ne donnent pas seulement une illustration, mais qu'ils ordonnent et dont ressort un sens précis, voulu ou accepté par Dieu.

Noé et le Déluge, puis Noé et l'Alliance divine avec toute l'humanité, l'appel d'Abraham, la double promesse que Dieu lui fait d'un fils et d'une terre, en débutant l'histoire patriarcale, inaugurent dans les premiers chapitres de la Genèse toute l'histoire en l'orientant de façon précise. Par la suite, et quels que soient les agissements, moraux et immoraux, des descendants et successeurs, tout

À la fin du Livre de la Genèse, l'histoire de Joseph, l'avant-dernier fils de Jacob, fait écho à celle de Caïn et d'Abel avec les thèmes de la jalousie et des projets de meurtre et de vengeance entre frères. Mais cette geste illustre l'histoire de salut qui domine les récits des livres de la Genèse. Ici, une succession de hauts-reliefs en ivoire représente Joseph tiré du puits par ses frères en même temps qu'on ensanglante sa tunique pour faire croire à son père qu'il a été tué par une bête sauvage (à gauche), Joseph vendu en esclavage (au centre), puis, après des péripéties, la réconciliation finale qui amène Jacob en Égypte pour embrasser son fils retrouvé (à droite).

servira au dessein divin ouvert par les promesses faites à Noé et surtout à Abraham. Ainsi par leur appel à conduire le peuple, Moïse, Josué, les rois Saül, David et Salomon diront la fidélité de Dieu à son propre dessein.

Dieu fait une histoire ponctuée d'événements exceptionnels, prodiges fondateurs dont le peuple gardera le souvenir émerveillé dans ses grandes fêtes liturgiques (Pâque, la fête des tentes, etc.) : la traversée de la mer des Roseaux sur l'ordre de Yhwh et sous la conduite de Moïse, avec le prodige des eaux suspendues pour que le peuple passe et échappe aux Égyptiens, la «théophanie» du Sinaï où Dieu dicte Sa Loi à Moïse dans le tonnerre, le feu et le tremblement de terre, la traversée du Jourdain de façon analogue à la traversée de la mer des Roseaux, sous le commandement de Josué, permettant l'entrée en Terre promise!

Car le prodige indique l'action du Dieu créateur et maître d'une histoire qu'Il a orientée dès l'origine par la Création et dans laquelle Il est toujours susceptible d'intervenir, même si, à partir de l'époque royale notamment, Sa manifestation ne sera plus directe et paraîtra laisser les humains à leur responsabilité personnelle comme à leurs impuissances.

Quelles que soient ses origines et datation, l'histoire de Joseph revêt une importance particulière dans l'élaboration générale de l'histoire d'Israël. Assurant le lien entre les traditions de la Genèse et de l'Exode, elle valorise la place ambiguë de l'Égypte dans l'univers mental d'Israël : nation néfaste, source de souffrances dans la persécution, elle est aussi une sorte d'idéal de grandeur, notamment dans l'histoire de Salomon (qui épouse une Egyptienne), et de tolérance avec la traduction grecque des Écritures aux IIIe et IIe siècles à Alexandrie.

L'histoire de Caïn et d'Abel, après celle d'Adam et d'Ève et avant celle du Déluge, et bien qu'appartenant au Livre de la Genèse, entre dans un ensemble qui va des chapitres 1 à 11. Les récits de cet ensemble, identifiés parfois et plus ou moins pertinemment à des «mythes», dressent un tableau général de l'humanité telle que la conçoit Israël : après la Création divine, la chute des premiers parents, le fratricide de Caïn sur Abel situe la violence à l'intérieur de la cellule familiale «au commencement» de tout. Récit archétypal, il manifeste les rivalités et jalousies entre frères. En même temps, le meurtre commis, Yhwh se refuse à une logique de mort indéfinie. Caïn devra être protégé de tout meurtre vengeur. S'il garde l'opprobre de son péché, il reste dans l'Histoire, devenant père à son tour. Sur cette fresque de San Angelo de Bologne, l'appel de Noé, enchaînant sur l'histoire de Caïn et d'Abel, prolonge la double histoire du péché de l'homme et de son salut. Quelle que soit la gravité des fautes et du châtiment divin, à ce stade de la réflexion d'Israël sur le destin humain et sur les relations entre Dieu et l'humanité, c'est le salut qui doit l'emporter.

Création, obéissance, faute, Alliance : thèmes et théologie

De cette histoire si caractérisée surgit une série de thèmes dont certains, fondamentaux, en cristallisent d'autres pour faire surgir un corps de doctrine, une forme de théologie. Si le thème de la création apparaît naturellement comme le plus fondamental, il est lié à celui de désobéissance et donc de faute avec pour conséquence le châtiment, même si celui-ci n'aura jamais dans la Bible une portée définitive ou irrémédiable. Créés, Adam et Ève transgressant l'interdit divin se voient pour cela chassés du Jardin; ils n'en ouvriront pas moins une histoire qui produira ces modèles de foi et d'obéissance à Dieu que seront Noé, Abraham, Moïse, et tant d'autres. Si le thème du péché ou de la faute élargit la notion de transgression, le Déluge, en châtiment des fautes de l'humanité, aboutit finalement à l'Alliance que Dieu passe avec l'humanité et dont l'arc-en-ciel est le symbole et le rappel.

Le thème de l'Alliance est sans doute celui qui exprime le mieux le rapport entre l'homme et Dieu dans la Bible, dans l'Ancien comme dans le Nouveau Testament. Conclue en Abraham, l'Alliance se concrétise dans la double promesse divine de la descendance et de la Terre. Mais c'est avec Moïse qu'elle prendra toute son extension. Incluant la Loi, les bénédictions et les malédictions corrélatives de l'obéissance ou de la désobéissance, l'Alliance dit de façon englobante ce qu'est le rapport entre Dieu et son peuple, ce qui explique et ce qui justifie les événements, ce qui détermine la sainteté du peuple comme de chaque individu. Tous ces thèmes se croisent et s'organisent de différentes façons pour se constituer en une théologie, caractéristique d'Israël.

« Alors l'ange du Seigneur l'appela du ciel et cria : «Abraham! Abraham!» Il répondit : «Me voici.» Il reprit : «N'étends pas la main sur le jeune homme. Ne lui fais rien, car maintenant je sais que tu crains Dieu, toi qui n'as pas épargné ton fils unique pour moi.» [...] L'ange du Seigneur appela Abraham une seconde fois et dit : [...] «Parce que tu as fait cela et n'a pas épargné ton fils unique, je m'engage à te bénir et à faire proliférer ta descendance autant que les étoiles du ciel et le sable de la mer. Ta descendance occupera les Portes de ses ennemis; c'est en elle que se béniront toutes les nations de la terre [...]. »

Genèse, 22, 11-12; 15-18

L'histoire d'Adam et d'Ève chassés d'Éden est l'une des plus fameuses car elle porte l'idée du «péché originel». Elle a marqué toute la chrétienté, prenant des accents de fatalité qui ont pesé lourdement sur la conscience chrétienne. Pourtant le récit lui-même et les textes de saint Paul à l'origine du dogme chrétien ouvrent à la réalité d'un salut confirmé par la suite de l'histoire, avec les justes, les patriarches et les prophètes, puis par l'avènement de Jésus-Christ. L'œuvre de Masaccio (ci-contre) exprime la souffrance de l'humanité dans son désespoir ou sa culpabilité, dépassant les seules données du texte de la Genèse.

“Parce que tu as écouté la voix de ta femme et que tu as mangé de l'arbre dont je t'avais formellement prescrit de ne pas manger, le sol sera maudit à cause de toi. C'est dans la peine que tu t'en nourriras tous les jours de ta vie, il fera germer pour toi l'épine et le chardon, et tu mangeras l'herbe des champs. À la sueur de ton visage, tu mangeras du pain jusqu'à ce que tu retournes au sol car c'est de lui que tu as été pris. Oui, tu es poussière et à la poussière tu retourneras.”

Genèse, 3, 17-19

L'histoire du Déluge et de l'Arche de Noé exprime les fondements de cette histoire théologique typique des premiers chapitres de la Genèse. Il s'agit d'abord d'une «dé-création» selon les catégories qu'on retrouve dans le chapitre premier : aux eaux séparées de la Création et à la terre qui surgit de cette séparation correspond le retour à la confusion des eaux du ciel et des mers qui recrée le chaos, rendant toute vie impossible. Mais cette fois, le nouveau chaos qu'instaure le Déluge a pour cause le péché de l'humanité qui a amené Dieu à s'en débarrasser après l'avoir créée. Ce récit se ressent de traditions mésopotamiennes anciennes qui rapportent des histoires semblables de destruction de l'humanité par les dieux dans une noyade générale. Mais alors qu'il s'agit, dans ces traditions, soit d'une vindicte gratuite ou fantaisiste des dieux, soit de la décision particulière d'un dieu, l'histoire biblique du Déluge théologise l'histoire en fonction de sa conception de Dieu, de l'humanité et du péché.

L'Arche que construit Noé sur les directives de Yhwh conserve la Création en maintenant séparées les eaux d'en-haut de celles d'en-bas du fait de l'abri qu'elle offre à la famille de Noé et à tous les animaux qu'il y fait entrer. Ainsi, dès le début du Déluge et malgré les apparences de la destruction totale, le lecteur est assuré que la Création perdurera du fait de cette Arche qui, pendant quarante jours et quarante nuits que dure la pluie, maintient la vie. Au terme de l'épreuve, non seulement Yhwh permet à sa Création de repartir grâce à ce qui a été mis en réserve dans l'Arche, mais jure que, malgré les péchés de l'humanité, Il n'utilisera plus ce genre de châtiment. Rendant compte de phénomènes naturels qui avaient frappé les imaginations du Proche-Orient ancien, ce récit, comme les traditions mésopotamiennes, tente d'expliquer leur gravité. La suite de l'histoire d'Israël prendra pour ainsi dire ses distances avec ce genre de conceptions à l'origine de ce type de récits, tandis que la théologie chrétienne fera de cette Arche le symbole du Salut, voire l'allégorie de l'Église du Christ sur le chaos du monde.

Des origines mythiques?

Ainsi s'est déterminée une triple histoire, celle des «origines» concernant toute l'humanité, celle des ancêtres d'Israël à travers une histoire familiale, l'histoire patriarcale, et celle du peuple comme tel à partir du Livre de l'Exode jusqu'à son installation sur sa Terre et la chute de Jérusalem, à la fin du Deuxième Livre des Rois. Mais la lecture attentive de la triple histoire que raconte la Bible permet de percevoir des registres différents d'écriture et donc de conscience par rapport à ce qui est raconté : mythes, merveilleux, légendes et contes, qui aboutissent à une sacralisation de cette l'histoire.

Les onze premiers chapitres de la Genèse ne relèvent pas à proprement parler d'une mémoire humaine, surtout pour ce qui a trait à l'apparition de l'humanité, ni par conséquent d'archives au sens propre du mot. Ils relèvent de genres littéraires qui, dans toutes les cultures et civilisations, expriment la conception et la représentation des origines en fonction des questions que l'homme se pose selon l'état de ses connaissances à un moment donné. Qualifié de «mythique» depuis près de deux siècles, le registre de ces récits intègre les premiers chapitres de l'Ancien Testament comme témoins de la réflexion et des questions d'Israël sur ces origines, en fonction de ses propres convictions, en fonction aussi des représentations, images, récits qui avaient cours dans le Proche-Orient ancien.

Au nom de son monothéisme, la Bible dénonce les idoles et un certain nombre de dieux comme de faux dieux. Mais quelle était en fait la place réelle de ces idoles dans la sensibilité d'Israël, au moment où surgissent les prophètes? Baal (à gauche), avec la déesse Ishtar (ou Astarté), est un des dieux les plus souvent nommés et dénoncés. Lié aussi bien à la foudre qu'à la guerre, il appartenait à ce panthéon assez flou qui marque la côte orientale de la Méditerranée. Si de grandes cultures et religions comme celles de l'Égypte ont pu garder une certaine continuité dans leurs représentations religieuses, chez les petites nations, les échanges commerciaux et guerriers ne pouvaient que favoriser la mobilité des divinités et la flexibilité de leur symbolique, l'intérêt immédiat (maladie, fléau naturel) de l'orant l'emportant sur toute considération d'orthodoxie ou de cohérence.

La multiplicité des récits de création en Genèse, 1, 1-2, 4a et 2, 4b-23, mais aussi ailleurs (par exemple, le Livre de Job [Jb, 38-39] et le Deuxième Livre des Maccabées [II M, 7], sans oublier quelques psaumes [Ps, 8, 104]!), dit la relativité de ces représentations à l'intérieur même de la Bible. L'histoire d'Adam et d'Ève (Gn, 2-3) ne fait pas seulement double emploi avec ce qui est raconté dans le chapitre premier de la Genèse sur la Création en six jours : elle révèle un autre jeu de représentations des origines, plus ancien, moins élaboré, mais tout aussi pertinent quant à l'idée qu'on se faisait alors de l'humanité, de ses rapports à Dieu, quant à la conscience de la faute, etc.

Du merveilleux?

Avec les récits de l'histoire des patriarches, à partir du chapitre 12 de la Genèse, c'est un tout autre registre d'écriture. Pas plus que pour le registre précédent, on ne peut parler de véritable histoire. En effet, il s'agit d'épisodes d'une histoire familiale, de soucis de vie ordinaire, comme de savoir en quels lieux pourront paître les troupeaux? comment s'entendre avec sa belle-famille? avec qui marier un fils? ou encore qui héritera d'un couple sans enfant? où on aura sa tombe?...

Mais cette histoire est aussi marquée de phénomènes extraordinaires qui ont Dieu pour cause et pour objet. Abraham entend Dieu lui faire

«Sept jours et sept nuits durant, bourrasques, pluies battantes, ouragans et Déluge ne cessèrent de saccager la terre. Le septième jour arrivé, Tempête, Déluge et Hécatombe stoppèrent, après avoir distribué leurs coups au hasard.» Ce passage de l'épopée de Gilgamesh reprend l'histoire du Déluge, telle qu'elle était déjà relatée sur cette tablette en caractères cunéiformes, une des nombreuses versions mésopotamiennes du Déluge vers 1635 avant notre ère. Elle témoigne de la récurrence dans cette aire culturelle d'une histoire à laquelle la Bible fait écho dans la Genèse.

des promesses dont l'une, celle d'un fils en sa vieillesse (Gn, 15, 1-21), paraît tellement incroyable que sa femme, Sarah, très âgée, préfère d'abord en rire (Gn, 18, 9-15). Plus tard, ce même Dieu lui demandera de sacrifier ce fils enfin donné, Isaac; heureusement un ange l'arrêtera dans son geste (Gn, 22, 1-14). Ainsi en ira-t-il pour Jacob qui verra en songe un escalier reliant la terre au ciel et des anges montant et descendant (Gn, 28, 10-19), ou encore luttera toute une nuit avec un être mystérieux, lequel lui donnera un nom nouveau, Israël (Gn, 32, 29), etc. Manifestement, ce qu'on appelle parfois le «merveilleux» se mêle à cette histoire qui ne sort pas d'un cercle familial et de ses soucis propres.

L'épisode de Moïse fendant les eaux de la mer des Roseaux pour permettre à Israël d'échapper aux Égyptiens appartient typiquement à ces prodiges que Yhwh accomplit pour le salut de son peuple. Dès la rédaction du texte, la portée salutaire est nettement affirmée, empêchant de le réduire à un simple récit merveilleux. C'est avant tout du salut d'Israël qu'il s'agit et de ce que Yhwh a fait symboliquement pour lui.

Un premier lieu d'écriture : les sanctuaires?

Le Livre de la Genèse, mais aussi le Livre de Josué et celui des Juges témoignent, pour une large part, de moments originels, fondateurs, tant pour l'histoire d'Israël que pour ses sanctuaires et ses coutumes. On est amené à penser qu'un des premiers lieux de collecte, voire de mise par écrit, de ces récits a été ces sanctuaires disséminés à travers le territoire et liés à tel patriarche, ancêtre ou juge, qu'il s'agisse d'Hébron et Beer-Shéva avec Abraham, de Silo avec Samuel, Gabaon, Gilgal et Sichem avec Josué, Béthel et Pénuel avec Jacob, etc.; tous lieux où les Livres situent un certain nombre d'événements importants qui assurent à Israël ses fondations et le légitiment.

En effet, même si on ne peut préciser grand-chose sur ces sanctuaires sinon à se référer à ce qui est habituellement dit ou décrit des sanctuaires du Proche-Orient à l'âge du fer, leur importance était

indéniable non seulement dans le souci d'un culte efficace pour les choses de la vie (guérisons, fécondités, objets d'angoisses de toutes sortes, etc.), mais aussi dans la constitution d'une identité tribale, clanique, nationale, surtout dans un contexte où, semble-t-il, il fallait pouvoir se distinguer de proches rivaux. Raconter l'histoire de la fondation, surtout si elle permet de célébrer un ancêtre prestigieux, était particulièrement significatif : il fallait donc conserver une mémoire, ce qui ne pouvait qu'être conforté avec l'avènement de l'écriture. En tout cas, l'état de condensation littéraire dans lequel nous lisons aujourd'hui ces récits de fondation témoignent d'une écriture sans doute antérieure à leur intégration dans un cycle puis dans le Livre dans lequel nous les recevons.

“Jacob sortit de Beer-Shéva et partit pour Harrân. Il fut surpris par le coucher du soleil en un lieu où il passa la nuit. Il prit une des pierres de l'endroit, en fit son chevet, et coucha en ce lieu. Il eut un songe : voici qu'était dressée sur terre une échelle dont le sommet touchait le ciel; des anges de Dieu y montaient et y descendaient. [...] Jacob se réveilla de son sommeil et s'écria : «Vraiment, c'est le Seigneur qui est ici et je ne le savais pas!» Il eut peur et s'écria : «Que ce lieu est redoutable! il n'est autre que la maison de Dieu, c'est la porte du ciel.» Jacob se leva de bon matin, il prit la pierre dont il avait fait son chevet, l'érigea en stèle et versa de l'huile à son sommet. Il appela ce lieu Béthel – c'est-à-dire Maison de Dieu. ”

Genèse, 28, 10-12; 16

Les sanctuaires qui parsèment la carte de l'Israël ancien ont tous dans la Bible leurs récits fondateurs : nom, et surtout circonstances de leur création. Généralement liés à des noms de patriarches, comme Béthel et Pénuel à Jacob, ces sanctuaires verront leur légitimité contestée au temps des rois qui prôneront la centralisation du culte à Jérusalem.

Une sacralisation

Un art du récit dit populaire était ainsi établi, avec ses règles, sa syntaxe, ses motifs, ses lieux communs, mais aussi son principe étiologique, c'est-à-dire sa fonction explicative d'un nom de lieu ou de héros, de l'histoire de ce lieu et de ce héros, voire d'un rite ou d'une coutume. Par la suite, leurs «légendes» s'étant constituées en cycles produisirent un début d'histoire en continu. Même si les transitions avaient quelque chose d'artificiel ou d'externe, comme le déplacement du héros d'un lieu à un autre, ce héros entrait dans un corpus qui lui donnait consistance en même temps qu'il donnait consistance à une histoire.

Pourtant, aussi importante et pertinente soit-elle, cette perception des récits des origines et de l'histoire patriarcale, comme de certaines autres parties de l'Ancien Testament jusqu'à l'époque royale, ne saurait suffire à rendre compte de leur contenu et de leur signification.

Car même pour comprendre et accepter convenablement la présence de récits légendaires dans la Bible, il ne faut jamais perdre de vue l'ensemble dans lequel nous les recueillons aujourd'hui et les motivations qui les ont intégrés à cet ensemble. Leur sacralisation par la présence et l'intervention de Dieu, par la place des rites religieux, par les concepts théologiques d'Alliance, de Promesse, de Loi, etc., donne une autre spécification à ces récits. C'est pourquoi l'ensemble de cette histoire, dès le Livre de la Genèse, ne peut être réduit à une série plus ou moins indéfinie de mythes, de légendes et de contes.

Les nombreuses représentations de la main de Dieu dans l'art chrétien symbolisent la présence de Dieu à l'humanité et à son peuple. C'est l'une des constantes iconographiques de la Création comme des différentes interventions de Yhwh au cours de l'histoire d'Israël. Ici, les Hébreux, recueillant la manne pour se nourrir dans le désert au cours de l'Exode, témoignent de cette attention divine sous la houlette de Moïse. Reprise dans l'allégorie chrétienne, cette scène de l'abondance de la manne comme don divin servira à l'intelligence de l'eucharistie, «pain de vie» selon l'Évangile de Jean, et nourriture donnée en abondance par le Christ.

Une histoire de l'Histoire

Le repérage de ces genres littéraires plus ou moins justement considérés comme «primitifs» ou «premiers», en proposant une étape dans la formation des récits bibliques, permet de saisir

la durée dans laquelle s'inscrit la rédaction de l'ensemble narratif. À partir de ces «traditions populaires», Israël est ainsi passé par des évolutions mentales, psychologiques, intellectuelles et religieuses qui l'ont conduit, non pas à une forme d'écriture de l'Histoire, mais à plusieurs formes dépendant de conceptions différentes et successives. Et même si, au terme, il lui a fallu faire la synthèse que nous recevons aujourd'hui, de la Genèse au Deuxième Livre des Rois, cette synthèse, dans son originalité même, garde les traces, pour ne pas dire les cicatrices, de ces différentes étapes par lesquelles est passée sa conception de l'Histoire en ce qu'elle a de plus primordial pour lui.

Vers une première historiographie

Dans une culture où l'on ne disposait ni d'archives ni de méthodes critiques, l'histoire s'est aussi constituée à partir de ces vieux récits liés à des noms de lieux et de personnes, progressivement mis en chaînes ou en cycles. Plus tard, c'est-à-dire à une époque où les rédacteurs étaient plus proches de ce qu'ils avaient à raconter, Dieu tendrait à disparaître du champ du récit comme partenaire direct ou immédiat; parallèlement, les héros, à commencer par le roi, n'apparaitraient plus en blanc et noir; et les événements comme les personnages entrant dans la complexité des psychologies, dans l'incertitude des effets de leurs actes, voire dans l'énigme de tout destin humain, se heurteraient désormais à l'excès et à l'absurdité du mal.

À partir du Premier Livre de Samuel, avec l'histoire de Saül, malgré quelques épisodes qui relèvent encore des traditions légendaires à caractère merveilleux, l'historiographie biblique entre justement dans ce jeu de complexités psychologiques, d'incertitude, en un mot, dans le drame ou la tragédie. L'histoire de David et surtout de sa descendance, avec son cortège de jalousies fratricides, d'incestes et d'ambitions politiques et dynastiques, dit une histoire sans illusion, voire sans le recours divin. Et même si la synthèse ultime de l'histoire dans l'Ancien Testament garde la trace de récits «préhistoriographiques», à partir d'un certain moment, et quelles que soient les limites d'une historiographie qui ne deviendra vraiment critique

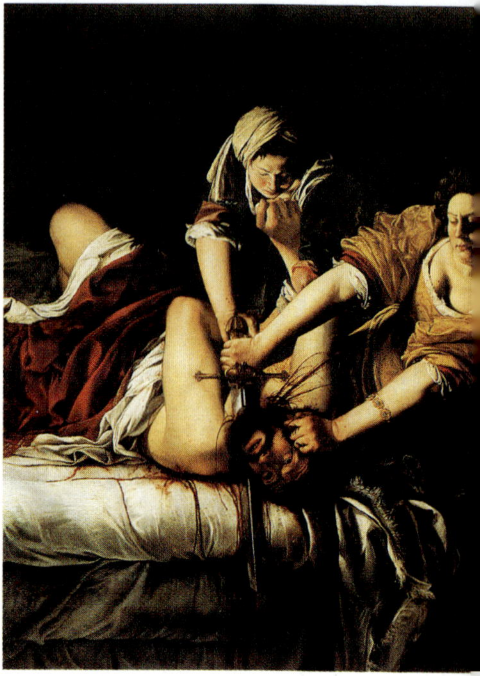

La scène de la décapitation d'Holopherne par Judith, que représente avec un réalisme particulièrement cru Artemisia Gentileschi, une des rares femmes peintres au XVIIe siècle, symbolise ce que devint l'histoire d'Israël après les merveilles des premiers Livres de la Bible. Même s'il s'agit d'une histoire de salut, la violence et la cruauté entrent en scène pour le meilleur et le plus souvent pour le pire d'une histoire faite d'antagonismes fratricides.

que dans l'ère occidentale moderne, on doit ici parler d'un authentique sens historien à défaut d'une garantie totale de la vérité historique.

D'autres Livres d'histoire

L'historiographie biblique des douze premiers Livres s'achève sur une sorte de suspense à la fin du Deuxième Livre des Rois : au moment où le roi de Babylone sort le dernier roi d'Israël de sa prison pour l'inviter à sa table (II R, 25, 27-30). Pourtant l'histoire continue, d'autres Livres prenant pour ainsi dire le relais.

Car Israël, ou tout au moins une partie du peuple, si l'on en croit les Livres d'Esdras et de Néhémie, a fini son Exil et a quitté Babylone pour regagner Jérusalem. À partir de là, il est vrai, les Livres «historiques» ne se présentent plus selon la synthèse caractéristique des douze premiers Livres de l'Ancien Testament. Les Livres d'Esdras et de Néhémie, les deux Livres des Maccabées, mais également les deux Livres des Chroniques qui sont la relecture des grands épisodes de la vie de David et de Salomon, s'enferment dans les limites de leur objet, la situation d'Israël au retour d'Exil pour Esdras et Néhémie, l'histoire du IIe siècle pour les Livres des Maccabées, et plus précisément la guerre civile et la persécution d'Antiochus Épiphane. Aussi faudra-t-il recourir à d'autres Livres bibliques, aux Livres prophétiques notamment, ainsi qu'à des livres extra-bibliques, pour se faire une idée de l'histoire des cinq siècles qui précédèrent l'ère chrétienne.

A ces quelques Livres considérés comme plus historiques sans pourtant exclure l'usage de genres littéraires et des intentions qui ne relèvent pas directement du souci historien, sont joints trois Livres qui paraissent, au premier abord, appartenir au genre historique.

Les Livres des Maccabées, qui rapportent les persécutions subies par Israël, disent aussi la guerre civile qui fractura le peuple juif à la veille de l'ère chrétienne. Le réalisme, la dénonciation du péché et du mal prennent le pas sur le seul merveilleux destiné à instruire et à provoquer l'action de grâces.

De l'histoire édifiante

En effet, les Livres de Tobie, de Judith et d'Esther, tout en se concentrant sur un héros ou une héroïne et montrant la particulière importance de leur intervention à un moment difficile de l'histoire d'Israël, sont nourris, dès leur ouverture, de références historiques et géographiques relativement précises.

En réalité, une plus grande attention laisse percevoir des anachronismes, des invraisemblances qui obligent à voir dans ces Livres, non un chapitre précis de l'histoire d'Israël, mais une forme de récit qu'on peut qualifier d'édifiant, destiné par conséquent à donner un enseignement de type moral et religieux. Il s'agit d'exhorter un Israël, tenté par les cultures païennes ou mis en péril par ses ennemis, à placer sa confiance dans le Dieu unique et sa fidélité dans la Loi.

Les récits édifiants qui font une sorte de contrepoint à l'histoire «ordinaire» des Livres des Rois ou des Maccabées sont aussi entrés dans la liturgie d'Israël, tel le «rouleau d'Esther», pour la fête de Purim.

Cependant, ces Livres disent à leur façon l'importance de l'histoire en Israël. En effet, il n'est pas indifférent qu'Israël, même dans son imaginaire, et fût-ce pour exhorter et édifier ses membres, ait recours à l'histoire, en tout cas à un contexte historique. Il n'y a pas là seulement souci de réalisme afin de mieux convaincre le lecteur; il y a aussi l'intime conviction dont témoigne en fin de compte la grande synthèse historique des premiers Livres de l'Ancien Testament, que la Loi divine s'inscrit dans une histoire comme s'inscrit dans l'histoire la fidélité d'Israël à son Dieu et à son Alliance.

Judith face à un terrifiant ennemi, Esther otage d'un souverain étranger ou Tobie accomplissant la Loi dans un contexte d'opposition religieuse, rappelaient à Israël que Dieu n'est pas étranger à l'histoire dans laquelle Il l'a placé depuis les origines et dans laquelle Il intervient et continuera donc d'intervenir pour le salut de ceux qui Lui restent fidèles, et au moyen de quelques-uns d'entre eux.

La part des Livres «historiques» est donc considérable dans l'Ancien Testament. De plus, bien avant d'atteindre le Nouveau Testament qui présentera à son tour des Livres historiques, d'autres Livres, les Livres prophétiques et apocalyptiques, outre des faits historiques, diront des conceptions de l'Histoire. Mais auparavant, et selon l'ordre traditionnel de l'Ancien Testament, se présente une série d'ouvrages qui, par genre littéraire, veulent jusqu'à un certain point ignorer l'Histoire.

“Quelle est ta demande, Esther, ô reine! Cela te sera accordé! [...]» En réponse, Esther, la reine, déclara : «Si j'ai rencontré ta bienveillance, ô roi, et s'il plaît au roi, que me soient accordées ma propre vie, telle est ma demande – et celle de mon peuple, telle est ma requête.»”

Esther, 7, 2-3

Persécutés par le vizir, les Juifs de Perse seront sauvés par leur compatriote Esther. Pour assurer le salut de son peuple, celle-ci accepte de devenir l'épouse du roi ennemi Assuérus (ci-dessous, tableau de Filippino Lippi).

« Que tu es belle, mon amour, que tu es belle , tes yeux sont des colombes... » Le très célèbre Cantique des cantiques montre qu'en dehors de son projet historien, la Bible témoigne d'une grande variété de genres littéraires. Ceux-ci manifestent son goût pour la poésie, mais aussi pour l'expression triviale du proverbe comme pour l'élévation mystique de la sagesse. Et c'est le goût de la vie autant que celui de la littérature qui expliquent cette fécondité sur fond de fidélité à la Loi divine.

CHAPITRE 3

LIVRES DE SAGESSE ET DE POÉSIE

La poésie biblique est au cœur des Livres des Psaumes, attribués pour une part à David, et du Cantique des cantiques, avec la «fiancée» blanche, les instruments de musique, les lumières et les fleurs, le soleil sur la cité (à gauche, David jouant de la harpe et composant ses psaumes, par Chagall; à droite, David en prière, dans un livre d'Heures du XVe siècle).

Israël, un peuple comme les autres!

De l'Ancien au Nouveau Testament, le récit, aussi important soit-il, laisse largement la place à ce qu'on entend par les mots de sagesse et de poésie. Les Livres des Proverbes, de l'Ecclésiaste (ou Qohélet), de la Sagesse et de l'Ecclésiastique (ou du Siracide), ainsi que le Livre de Job, sont classés parmi les «Livres de sagesse» (ou «sapientiaux»), tandis que les Psaumes et le Cantique des cantiques sont considérés comme «Livres poétiques».

Avec cette partie de son corpus, la Bible ne se distingue guère, dans un premier temps tout au moins, d'autres corpus littéraires. Formuler des proverbes en deux vers (ou distiques) lapidaires, rythmés, rimés ou assonancés, s'engager dans un discours sur la vanité des choses de ce monde, ou composer un chant où les images et les sons feront oublier la prosaïque banalité de la vie, tout cela Israël l'a fait et conservé comme n'importe quel autre peuple. Pour la plupart, ces Livres, d'importances diverses, sont regroupés dans ce que la tradition hébraïque a placé en troisième partie, «les Écrits», même si cette rubrique garde quelques Livres de type narratif.

Alors que la majeure partie de la Bible, tant dans son historiographie que dans son discours prophétique, est, pour ainsi dire, portée par une exigence d'abord religieuse et morale, les écrits sapientiaux (ou sapientiels) ainsi que le Cantique des cantiques ne paraissent pas mettre immédiatement pareille exigence au rang de leurs préoccupations premières. Aussi, le lecteur qui se plonge dans «les Proverbes» avec le souci d'y trouver quelque chose d'original et de religieux, risque fort d'être déçu, voire scandalisé. Mais la présence même d'une

Les dictons illustrés trivialement par Brueghel renvoient à des passages du Livre des Proverbes, qui n'a pas craint de conserver cette forme d'expression populaire universelle. En haut :«Le colérique est cause de ses propres ennuis» : «Qui est prompt à la colère fait des sottises» (Pr, 14, 17). Ci-dessus : «Boire continuellement mène à la pauvreté, déshonore le nom et conduit à la ruine» : «Le vin est moqueur, l'alcool tumultueux; quiconque se laisse enivrer ne pourra être sage» (Pr, 20, 1). À gauche : «L'envie s'oppose au bonheur» : «Un cœur paisible est vie pour le corps; l'envie est carie pour les os» (Pr, 14, 30).

telle sagesse confirme, s'il en est besoin, qu'Israël appartient à l'humanité dans ce qu'elle a, certes, de plus banal et de plus universel, mais aussi de plus engagé dans l'art de vivre, rejoignant les cultures avoisinantes et parfois leur empruntant explicitement ce que la «sagesse des nations» exprime partout depuis des millénaires. C'est dire que l'«esprit de sagesse» déborde les Livres bibliques qu'elle définit, pour se retrouver aussi bien dans la Genèse que dans les «Livres historiques», dans les Psaumes que dans les Évangiles.

Une hiérarchie sur fond de réalisme

De l'ensemble sapientiel biblique se dégage pourtant une sorte de doctrine avec ses définitions, situations et propositions. Il apparaît tout d'abord fondamental d'entendre, d'accueillir ou de recevoir la sagesse, ce qui est la chose la plus facile du monde, avec le refus de son contraire, la «folie».

Le Livre du Siracide ou de l'Ecclésiastique présente une véritable spiritualité de la sagesse. Faisant l'éloge du scribe (Si, 38, 24; 39, 1-11) – celui sans qui nous n'aurions pas les écrits bibliques, ni leur intelligence qui ressort de la façon dont ils sont présentés –, il révèle que l'œuvre d'écriture est éminemment sapientielle. Dieu et les sages figurés ici disent la haute estime dans laquelle devaient être tenus ceux qui, par l'étude de la Loi, des Livres prophétiques et des dits des anciens, témoignaient de la sagesse.

Car «La Sagesse crie par les rues, sur les places elle élève la voix» (Pr, 1,20).

Il n'est donc rien de plus banal ni de moins à la portée de tout un chacun que d'acquérir la sagesse et de haïr la bêtise, à quoi se résume fondamentalement ce qui fait toute la morale sapientielle : la vertu, par la connaissance ou plus exactement par l'intelligence; le péché, par la bêtise ou la stupidité, ce qui ne situe pas la sagesse en premier lieu dans l'ordre moral et religieux habituel. Une telle exigence trouve sa racine dans l'observation de la vie et des difficultés et obstacles qu'elle présente aux humains. À eux donc de savoir regarder pour trouver les moyens de contourner les difficultés et de surmonter les obstacles.

«Le principe de toute œuvre, c'est la raison, avant toute entreprise, il faut la réflexion.» (Si, 37, 16) On ne s'étonnera donc pas de trouver à la base de toute sagesse l'activité qui vise à rendre la vie vivable, l'activité des artisans, des cultivateurs (Si, 38, 31-32) ou de la mère de famille qui «cherche lin et laine et travaille d'une main allègre» et mérite d'être célébrée par ses fils et son mari (Pr, 31, 13 et 29).

La construction du Temple de Jérusalem (en bas, représenté avec sa triple enceinte), rapportée dans le Premier Livre des Rois (I R, 6, 1-14), est conçue comme une œuvre de sagesse de Salomon, depuis l'organisation préparatoire des travaux et le recrutement des ouvriers et artisans jusqu'à la réalisation (ici, le roi sur les lieux) qui se fit sans bruit d'outils de fer, tant les choses avaient été si soigneusement et si sagement prévues (I R, 6, 7).

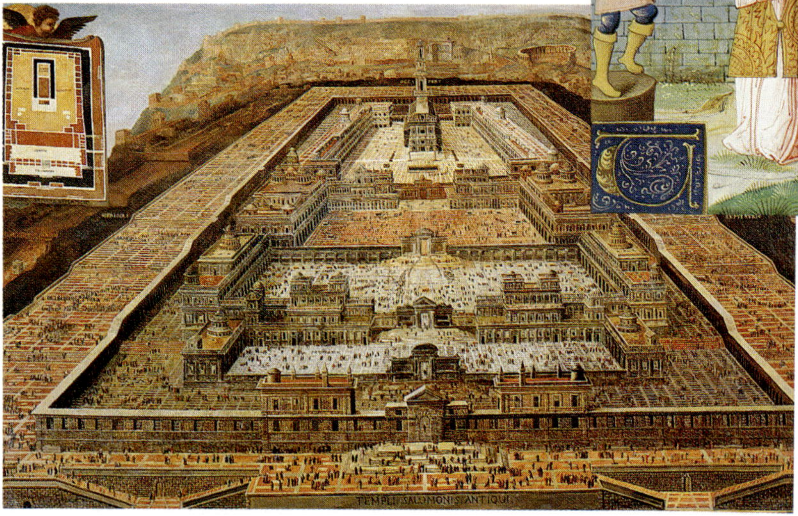

Le roi au sommet de la sagesse

Mais la sagesse ne se tient pas à ces indispensables et prosaïques services. Le roi, du fait qu'il permet à son peuple de vivre dans l'indépendance, la prospérité et la justice, constitue la clé de voûte d'un édifice sapientiel où chaque activité, de l'artisanat et l'agriculture, jusqu'à chaque secteur d'administration, trouve sa place, et une place indispensable à la bonne marche du royaume.

Si, en outre, le roi témoigne d'un savoir, d'une capacité de réflexion et d'enseignement, s'il est capable de présenter aux étrangers la figure avenante d'un règne où la richesse et l'art sont les signes de la prospérité de chacun de ses sujets, on dira que la sagesse règne en ce royaume, un royaume qui, comme les peuples heureux, n'ont pas d'histoire!

Il n'est, pour s'en rendre compte, que de lire l'éloge du règne de Salomon, le fils de David : en neuf chapitres, le premier Livre des Rois (I R, 3-10) nous dit les œuvres du roi qui, ayant commencé par demander à Dieu la sagesse, rend la justice, administre son royaume, construit villes et Temple, devient savant et éblouit les autres souverains, à commencer par la reine de Saba. Même si un tel éloge est en contradiction avec le début (I R, 1-2) et la fin de ce règne (I R, 11), que viendraient faire ici le bruit et la fureur de l'histoire si la sagesse est œuvre de chacun chaque jour, du haut en bas de l'échelle sociale?

Comme David symbolise la prière des Psaumes, Salomon symbolise la sagesse. Le récit fameux de son «Jugement» qui sauve la vie d'un enfant (I R, 3, 16-28) dit aussi que l'exercice de la sagesse suppose un esprit de subtilité qui ne peut se tenir aux apparences ni à la logique des apparences comme l'exige la mère de l'enfant mort prête à «partager» par l'épée l'enfant vivant.

La piété juive appartient à la sagesse à son plus haut degré. Sur ce manuscrit du XVe siècle, un homme et une femme lisent le texte sacré au moment de célébrer la Pâque, manifestant leur connaissance des Écritures, leur piété, leur respect des rites et de la famille qui concrétise la vie, fruit de la sagesse. On y voit aussi la dépendance du rite par rapport aux Écritures. En effet, la liturgie joue un rôle important, dans le judaïsme et le christianisme, pour promouvoir leur lecture, mais aussi, pour les constituer (psaumes, hymnes, lamentations...) et les organiser en livres ou en ensembles de livres.

Une sagesse mystique

Si dans tout ce qui précède, Israël ne se distingue guère des autres cultures et nations, on ne s'étonnera pas de ce qu'à partir d'un certain moment il trouve, sur le chemin même de la sagesse, ce qui justifie son existence, l'expérience de Dieu. Par là, la sagesse biblique manifeste son originalité, même si, ailleurs, en Égypte ou en Mésopotamie, la piété et toute forme religieuse relèvent aussi d'une doctrine sapientielle.

Car, en fin de compte, «c'est Yhwh qui donne la sagesse, de sa bouche sortent le savoir et l'intelligence.» (Pr, 2 6) Aussi la foi en Yhwh, l'obéissance à sa Loi sont-elles œuvre de sagesse,

“Si tu écoutes les commandements de Yhwh ton Dieu que je te presente aujourd'hui, et que tu aimes Yhwh ton Dieu, que tu marches dans Ses voies, que tu gardes Ses commandements, Ses lois et Ses coutumes, tu vivras!”
Dt, 30, 16, 19-20a

L'aboutissement mystique de la sagesse est pourtant au-delà de l'observance de la Loi, dans la «crainte de Dieu», qui fait accéder à l'expérience de Dieu à la fois comme un don et une liberté, et que peut illustrer ce visage mystique de Jawlensky (à droite).

c'est-à-dire d'intelligence. Aussi n'y aura-t-il rien de plus normal que de prêter à Moïse lui-même, exhortant ses frères à la fidélité à la Loi, l'appel à l'intelligence et au goût de la vie, apanage fondamental de toute sagesse (Dt, 30, 15-16).

La «crainte de Dieu»

Loi et vie vont donc de pair, mais leur alliance pas plus que l'observance de la Loi ne constituent le couronnement de la sagesse; elles acheminent cependant à ce qui la couronne, la crainte de Yhwh. Difficile à définir, «la crainte de Dieu», qui n'a évidemment rien à voir avec une peur quelconque, fût-ce du divin ou du sacré, ne peut être acquise, ou plus exactement expérimentée, qu'au terme de ce cheminement à l'intérieur de la sagesse, elle-même don de Dieu.

Cette acquisition et cette expérience supposent d'abord le dépassement de toute forme de sagesse qui aliénerait ou distrairait l'homme, tous ces labeurs et soucis de la vie (Si, 38, 25-30) caractéristiques des artisans, agriculteurs, etc. qui, faute de temps et de repos, «ne méditent pas sur la Loi», tandis que «le scribe», «celui qui applique son âme et sa méditation à la loi du Très-Haut, / qui scrute la sagesse de tous les anciens, consacre ses loisirs aux prophéties! / (celui-là) sera rempli de l'esprit d'intelligence (et) répandra ses paroles de sagesse!» (Si, 39, 1. 6bc)

La crainte de Yhwh, but de toute sagesse, n'est pas de prime abord accessible à l'homme dans sa puissance, ainsi que le rappelle le Livre de Job (28, 12-13. 20-21). Elle n'est pas pour autant inaccessible puisque c'est Dieu même qui a dit à l'homme : «La crainte du Seigneur, voilà la sagesse; /s'écarter du mal, c'est l'intelligence» (Job, 28, 28).

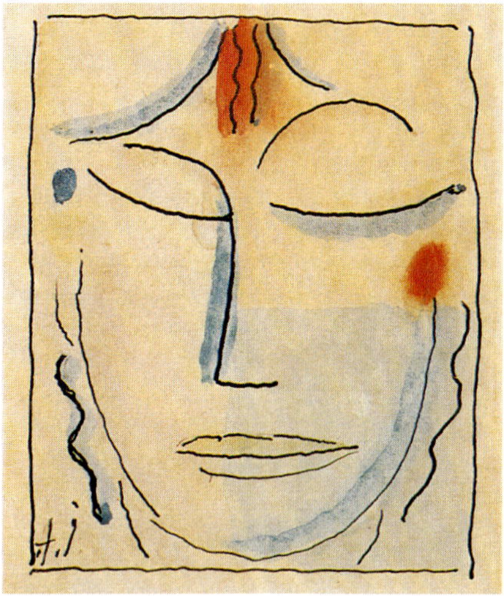

«Mais la sagesse d'où vient-elle, où réside l'intelligence? / Elle se cache aux yeux de tout vivant, elle se dérobe aux oiseaux du ciel. / Le gouffre et la mort déclarent : «Nos oreilles ont eu vent de sa renommée.» / Dieu en a discerné le chemin, il a su, lui, où elle réside. / C'était lorsqu'il portait ses regards jusqu'aux confins du monde et qu'il inspectait tout sous les cieux pour régler le poids du vent et fixer la mesure des eaux. / [...], alors il l'a vue et dépeinte, il l'a discernée et même scrutée. Puis il a dit à l'homme : / «La crainte du Seigneur, voilà la sagesse / S'écarter du mal, c'est l'intelligence.»»

Job, 28, 20-28

Le Livre de Job et la souffrance

Cette hiérarchie de sagesse, de la banalité du quotidien aux mystiques élévations de la Crainte de Dieu, peut donner l'illusion d'une harmonie et d'une ascension qui ferait échapper aux contingences de ce monde et, de ce fait, à une histoire faite de péché et donc d'erreurs, ce que la sagesse doit précisément éliminer. Ce serait sans compter avec d'autres réalités auxquelles les sages, plus que d'autres, doivent être sensibles : la souffrance, celle engendrée par l'injustice et l'excès du mal, et la mort. Deux Livres sapientiaux se sont affrontés à ces deux réalités, le Livre de Job pour la souffrance, Qohélet (ou l'Ecclésiaste) pour la mort.

Le Livre de Job se présente sous la forme d'une succession de discours tenus par quatre amis venus consoler Job dans ses épreuves. Celles-ci sont morales – il a perdu toute sa famille et tous ses biens – et physiques – il est frappé d'ulcères. Un des buts du Livre est de trouver une explication et donc une cause à ce mal afin d'en disculper Dieu, même si le cadre du Livre, en introduction et en conclusion, le présente comme une parabole sur la fidélité du juste envers Dieu, fût-ce dans les pires conditions d'épreuve et de déréliction.

Résistant aux propos justificateurs de ses amis, Job commence par s'élever contre l'injustice du mal qui le frappe. Mais devant la sagesse divine, il reconnaît avoir «parlé à la légère» et, mettant «sa main sur sa bouche», décide de se taire (Job, 40, 4).

Il existe une face sombre de la sagesse que symbolise bien la tableau de La Tour mettant en scène Job et sa femme. Devant la déchéance de son époux, celle-ci ne peut que dire : «Maudis Dieu et meurs!» (Jb, 2, 9). La flamme de la bougie, qui laisse seulement deviner le corps dénudé de Job tandis qu'elle accentue l'inclinaison de la femme créant une sorte de cercle sans issue dans lequel les deux personnages paraissent enfermés, dépasse le seul réalisme de la scène pour évoquer le risque d'enfermement dans le désespoir; Job voudra y échapper par sa réponse aux discours faussement consolateurs ou accusateurs de ses amis, comme par ses appels à Dieu : «J'ai dit mon dernier mot : à [Lui] de me répondre! [...] Je lui rendrai compte de tous mes pas et je m'avancerai vers lui comme un prince» (Jb, 31, 35-37).

Qohélet et la mort

Qohélet, qui parle à la première personne, se présente comme un personnage comblé par la vie, un roi à qui tout a réussi et qui n'a donc rien à désirer qui ne lui ait été accordé. Mais en fin de compte, il ne peut que se heurter à la réalité de la mort qui fait paraître toute chose, tout effort comme vains, la sagesse y compris : «Vanité des vanités, tout est vanité».

Ce Livre parut tellement sans issue ni espoir au point d'ignorer Dieu même, qu'au moment

de l'établissement du Canon, à Jamnia au Ier siècle, il fut question de l'éliminer de l'Ancien Testament. Mais dans la mesure où l'esprit de la sagesse est de s'affronter à toutes les réalités de la vie, à commencer par ses difficultés, il était inévitable qu'elle traitât de tels sujets, quitte à s'y fracasser.

De la divine poésie : Psaumes et Cantique des cantiques

Le Psautier ou recueil des Psaumes est constitué d'un groupe de cent cinquante prières qui obéissent d'abord aux exigences de la prière individuelle et de la prière communautaire. Se répartissant en différents genres, de l'action de grâces à la prière de demande, de la méditation sapientielle à la révolte la plus violente, ils sont rigoureusement écrits et construits. Obéissant à des principes stricts de prosodie tant dans leur composition que dans le jeu de leurs images, ils témoignent aussi d'une forte théologie. Ils offrent aujourd'hui encore un état de la conscience humaine dans toutes les circonstances de la vie face à Dieu. Considéré comme créateur, tout-puissant, maître de l'histoire et de chaque destinée, Dieu se voit invoqué, supplié, remercié, mais aussi provoqué par l'orant, individu ou peuple, qui peut demander des comptes ou se révolter contre une providence qu'il estime faire défaut.

Le Cantique des cantiques, qui est, avec le Livre de Job, un des Livres les plus unifiés de l'Ancien Testament, se présente à l'origine comme un poème d'amour assez classique sous la forme d'un dialogue entre un jeune homme et une jeune fille.

Intégré, non sans quelque difficulté, au Canon de l'Ancien Testament, il y doit sa présence

Cette double version d'un psautier en grec et en arabe, sur un manuscrit du IXe siècle, montre l'universalisation d'une forme de prière d'abord créée en hébreu. Le christianisme devait l'adopter sans restriction, ce qui explique le passage à l'arabe, comme dans toutes les langues où il se fit connaître. L'Église fera du psautier sa prière la plus commune et la plus officielle.

à l'utilisation allégorique qui en a été traditionnellement faite jusqu'à nos jours : le propos amoureux devient symbolique du rapport de Yhwh et d'Israël, ou de l'âme croyante avec son Dieu. Marqué par des influences perses tardives, au IIIe siècle avant notre ère, il a connu, dans le monde juif et dans le monde chrétien, voire profane, un vif succès justifié autant par sa qualité littéraire que par cette puissance d'évocation symbolique.

La littérature sapientielle et poétique risque d'apparaître secondaire sinon insignifiante par rapport à une histoire et à un prophétisme quantitativement plus importants, plus imposants. Pourtant, outre son contenu, la fonction même de l'œuvre sapientielle et poétique rend absurdes ces réactions. Dans la mesure où la «science divine» relève de la mystique «crainte de Dieu» dans l'observance de la Loi et la fidélité à l'Alliance, dans la mesure où le langage poétique permet de dire ce qui ne peut être exprimé en termes de discours ou de narrativité, l'activité sapientielle est par excellence celle à laquelle nous devons, en fin de compte, l'existence même de la Bible.

La poésie du Cantique des cantiques, dans ses allers et retours entre les deux amants, entre passion et doute, entre perte et retrouvailles, s'accommode bien du caractère fantaisiste et fantastique de la peinture de Chagall qui s'est abondamment inspiré de ce Livre biblique. Le Cantique des cantiques rejoint le projet sapientiel dans son ensemble en consacrant ultimement, selon la tradition des commentateurs juifs et chrétiens, le lien «mystique» entre Dieu et l'humanité, entre Dieu et Israël, entre le Christ et l'Église.

EXPLICIT·PLOGVS·
INCIP·LIB·OSEE·PPH·
ERBVM DO MINI
QVOD·FACTVM·EST·AD·OSEE·FILIVM·

Prolongeant l'écriture poétique de l'Ancien Testament, l'écriture prophétique et l'écriture apocalyptique disent aussi les tensions et passions des relations entre Dieu et l'humanité, soit à cause des erreurs et des fautes des hommes, soit en raison de l'injustice du mal. Fortement personnalisés, ces deux modes d'écriture introduisent l'engagement personnel de leurs auteurs.

CHAPITRE 4

PROPHÈTES ET APOCALYPSES

Le Prophète Osée (à gauche), le regard vers le ciel et tenant son message, montre à la fois l'attention à l'inspiration divine qui assure sa parole, et la rédaction de cette parole dans un livre. L'histoire de Jonas (ci-contre) rappelle la pression de l'appel divin qui fait fuir le Prophète. Mais, après avoir été jeté à la mer comme responsable de la tempête, il est ramené par un monstre marin sur les lieux de sa prédication.

L'importance des Prophètes dans la Bible

Selon la division habituelle, la dernière partie de l'Ancien Testament est constituée par les «Prophètes», traditionnellement distingués entre les «quatre grands Prophètes» (Isaïe, Daniel, Jérémie et Ézéchiel) et les «douze petits». La division tripartite de la Bible hébraïque place les «Prophètes» en second, après la Torah et avant les Écrits, et inclut sous cette même désignation les Livres historiques (ou «Prophètes antérieurs») et les Livres des Prophètes proprement dits (ou «Prophètes postérieurs»). Emprunté à la langue grecque pour traduire l'hébreu *nabi*, le mot «prophète» sert à désigner des hommes, mais aussi des femmes, qui avaient la forte conscience de parler au nom de Dieu, soit pour rappeler Ses exigences à Israël, soit pour lui annoncer le châtiment divin que suscitaient sa mauvaise conduite et son péché, soit, après le châtiment, pour le consoler et lui annoncer le pardon et sa restauration.

Ainsi, du IXe siècle jusqu'à l'avènement du Christ, ces personnalités marquèrent-elles de leur empreinte toute la religion et l'histoire d'Israël au point de paraître parfois comme leurs véritables fondateurs. Et l'ensemble de leurs recueils, d'inégales longueurs et dont l'ordre actuel n'a rien à voir avec la chronologie, constitue sans doute la part la plus originale de la littérature biblique et, corrélativement, une des plus fortes parties de sa théologie.

Le traditionnel regroupement des «quatre grands Prophètes» – Isaïe, Daniel, Jérémie et Ézéchiel – permet de marquer leur importance et celle de leur message dans la conscience religieuse d'Israël comme dans la composition de la Bible. Mais ce regroupement ne doit pas masquer les profondes différences qui distinguent leurs personnalités, leurs messages, en liaison avec la particularité des époques où ils se sont exprimés.

Des ouvrages complexes

Les recueils dont on dispose aujourd'hui ne couvrent pas toute l'activité prophétique qui fut antérieure aux premières mises par écrit de leur prédication, à partir du VIIIe siècle. Et tous les enseignements des Prophètes après cette date n'ont pas non plus été conservés. S'il n'existe qu'un témoignage limité de leur activité, ces recueils donnent cependant une idée de la richesse d'expression et de la densité de doctrine de ces Prophètes. D'autre part, les différents Livres historiques gardent le souvenir de prophètes et de prophétesses dont aucun oracle ne nous a été conservé. Pour ces dernières, citons la prophétesse Hulda dont le deuxième Livre des Rois nous laisse entendre l'importance décisive (II R, 22, 11-20).

Aussi ne faut-il pas s'étonner d'une certaine difficulté à entrer immédiatement dans leur lecture. Fait de bribes et de morceaux recueillis par des disciples et secrétaires, puis plus ou moins arbitrairement unifiés par des rédacteurs tardifs qui suivaient parfois une tout autre logique, ces Livres sont nourris d'allusions historiques qui nous échappent comme elles ont souvent échappé aux rédacteurs ultimes. Ils supposent donc pour être lus des connaissances suffisantes en histoire, à la mesure même de l'immersion des Prophètes dans la vie religieuse, mais aussi politique, sociale, nationale et internationale, de leur temps.

Dieu et expression personnelle

Dans l'état actuel de la Bible, la plupart des Livres prophétiques se présentent sous un titre impliquant

Le caractère composite des Livres des «quatre grands» laisse percevoir l'apport d'autres prophètes, anonymes, qui se sont inscrits sur leur ligne d'inspiration. Ainsi, on peut notamment distinguer au moins trois prophètes différents et d'époques différentes dans le Livre d'Isaïe. Quant à Daniel, son Livre est davantage du côté de l'apocalyptique que du prophétisme. De gauche à droite, Isaïe, Daniel, Jérémie et Ézéchiel.

la «Parole de Yahvé», nommant le Prophète et le situant brièvement dans un moment de l'histoire marqué par les rois sous le règne desquels il a exercé son activité. Ainsi du Livre de Michée : «Parole de Yahvé qui fut adressée à Michée de Moréshèt, au temps de Yotam, d'Achaz et d'Ézéchias, rois de Juda.» (Mi, 1, 1ab).

Généralement placé au début du livre, mais parfois à l'intérieur comme c'est le cas pour Isaïe (Is, 6) ou pour Amos (Am, 7, 10-15), un récit biographique ou autobiographique, le «récit de vocation», rapporte les circonstances dans lesquelles le Prophète a fait l'expérience de l'appel direct de Dieu lui-même pour parler à son peuple : «Yahvé m'a pris de derrière le troupeau et Yahvé m'a dit : Va, prophétise à mon peuple Israël.» (Am, 7, 15).

Les formes littéraires de leur prédication disent aussi une solide formation à l'expression tant orale qu'écrite, même si leur activité fut, jusqu'à l'Exil, principalement orale. Se coulant dans des formes convenues comme l'oracle, mais empruntant tous les genres littéraires à leur disposition (parabole, récits de visions de divers types, invective...), pastichant même des formes juridiques, ménageant leurs effets, ils témoignent dans leurs recueils d'un sens oratoire et d'un sens poétique exceptionnels.

Le Livre d'Habaquq exprime la volonté de se «tenir à son poste de garde... debout sur le rempart...» pour entendre la réponse de Yhwh à ses «doléances» (Ha 2, 1). Et Dieu l'invite à «écrire...» pour être lu «facilement», marquant la place de l'écriture dans ce qui sera la littérature apocalyptique.

La présentation du Prophète Amos évoque de façon précise l'appel divin du Prophète tel que lui-même le raconte au prêtre Amasias (Am, 7, 14-15) : bouvier et pinceur de sycomores, c'est de «derrière le troupeau» que Dieu l'a pris et en a fait celui qui doit «prophétiser en son nom», sans être pour autant «prophète ni fils de prophète». Et un poème du Livre d'Amos insiste sur l'aspect contraignant et irrésistible de l'appel prophétique.

«Deux hommes
vont-ils ensemble
sans s'être concertés?
Le lion rugit-il dans
la forêt
sans avoir une proie?
Le lionceau donne-t-il
de la voix de sa tanière
sans qu'il ait rien pris?
[...] Sonne-t-on du cor
dans une ville
sans que le peuple soit
effrayé?
Mais le Seigneur Yhwh
ne fait rien
qu'il n'en ait révélé le
secret à ses serviteurs
les Prophètes.
Le lion a rugi : qui
ne craindrait?
Le Seigneur Yhwh
a parlé : qui ne
prophétiserait?»

Am 3, 3-4.6a.7-8

D'obscures origines

Car il n'y a rien de moins improvisé qu'un prophète, même si les lieux et milieux de leur formation restent aussi mystérieux que leurs origines dans l'histoire d'Israël.

Les origines du prophétisme en Israël sont, en effet, assez ténébreuses ainsi qu'en donne l'écho l'un ou l'autre passage des Livres de Samuel ou des Rois. Un Saül délirant parmi des «bandes de Prophètes» (I S, 10, 10-12), ou un Élisée partageant la soupe de communautés de «frères prophètes» quelque peu bizarres (II R, 4, 38-41), semblent avoir laissé un souvenir soupçonneux des premières manifestations prophétiques. Aussi Amos se défendra-t-il d'appartenir à cette catégorie (Am, 7, 14). Mais la grandeur des personnages dès le IXe siècle fit oublier ces origines. Car c'est naturellement par la teneur de leur message que les Prophètes se définissent.

Cette scène du Livre de Daniel où le Prophète est jeté dans une fosse aux lions appartient au contexte apocalyptique. C'est chez Daniel, en effet, que surgit le «Fils d'Homme» venant sur les nuées, en qui le christianisme verra une préfiguration du Christ. Mais le Livre de Daniel est aussi un récit édifiant ayant pour héros un fidèle de Yhwh aux prises avec les difficultés d'un milieu païen. Daniel est vaincu par un pouvoir politique persécuteur des Justes.

Un message

Le premier caractère de ce message comme de ces personnalités est ce qu'on pourrait désigner comme un attachement passionné à Dieu, au Dieu absolument unique et à Son honneur. De ce fait, ils dénoncent impitoyablement toute forme d'idolâtrie et la moindre manifestation de superstition. Corrélativement, sont dénoncées toutes les transgressions du droit et en particulier celles qui atteignent les plus faibles et les plus pauvres désignés par la trilogie du Deutéronome, «la veuve, l'orphelin et l'étranger».

Avant l'épreuve de l'Exil à Babylone en 587, le message est le plus souvent un message de menace de châtiment qui interprète dans ce sens l'histoire du moment, et notamment les menaces que font peser sur Juda et Israël les puissances voisines, Assur, Babylone et l'Égypte. D'Amos à Jérémie, à la veille de la chute de Jérusalem, ce message aura donc une dimension politique, nationale et internationale, qui fait des Prophètes des hommes et des femmes parfaitement informés de la situation et pour cela redoutés par les autorités aussi bien politiques que religieuses. Plusieurs paieront de menaces directes sur leur vie la vigueur d'un tel message (Jérémie : Jr, 37, 11-38, 13; ou Amos : Am, 7, 10-16; et déjà Élie : I R, 19, 1-2).

La vigueur et la répétition du message, ses qualités littéraires également, ne doivent pas faire négliger le problème qu'il soulève par rapport à la Loi. En effet, selon la distribution même des Livres de l'Ancien Testament et selon la situation des Prophètes dans l'histoire d'Israël, après le don de la Loi au Sinaï, on est en droit de s'interroger sur le peu de place que tient cette Loi dans l'ensemble des Livres prophétiques.

Une certaine familiarité des Prophètes avec les souverains et les milieux de la cour laisse penser qu'ils en étaient proches par leur famille ou leur milieu social, et qu'ils bénéficiaient d'une véritable autorité auprès de ceux qui détenaient le pouvoir. Sans exclure la fonction de «prophète de cour», il est clair cependant que les Prophètes d'Israël sont avant tout guidés par les exigences du message divin, quitte à déplaire. Ainsi Jérémie sera-t-il jeté dans une citerne (ci-dessus) en raison de ses propos jugés défaitistes par les courtisans du roi Sédécias (Jr, 38, 1-13), quitte à être ensuite consulté en secret par celui-ci!

Une religion pour Israël

Mais leur foi comme leur message révèlent à l'intérieur de chaque livre comme sur l'ensemble des Livres prophétiques une singulière unité de doctrine entre ces deux pôles d'exigence morale et spirituelle que sont le respect de Dieu et le respect du prochain, surtout du plus pauvre.

Dans ces conditions, on peut se demander si, grâce aux Prophètes précisément, Israël n'a pas accédé à la forme supérieure de religion qui fut la sienne et qui, par-delà la rupture avec le polythéisme, ses idoles et sa sphère réservée du sacré, l'a conduit non seulement à une conscience aiguë de l'unicité de Dieu mais aussi à l'idée même d'une alliance particulière avec Lui.

L'implication des Prophètes à la réalité politique, nationale et internationale de leur temps est au cœur de leur drame personnel (ici, Jérémie pleure sur Jérusalem) et de la conscience qu'ils ont de l'Histoire se faisant sous leurs yeux, et que racontent les représentations des victoires sur les murs des palais assyriens.

Car le sens de la présence et de l'action de Dieu dans l'histoire, unifiant toute la vie du peuple comme de chacun de ses membres autour de cette présence et de ses exigences morales, caractérisent désormais la religion d'Israël au milieu des autres nations, quels que soient les emprunts qu'il ait pu leur faire, ainsi que le rappellent les livres de sagesse et telle ou telle forme littéraire, y compris chez les Prophètes eux-mêmes.

En même temps surgissent des thèmes appelés à d'importants déploiements, tel celui de l'Alliance chez Osée comprise selon le modèle de l'alliance conjugale. Un peu plus tard, c'est celui de la Sainteté de Dieu qui surgit avec Isaïe.

Des hommes et des femmes dans l'histoire

L'histoire que les Prophètes marquent de leur message comme de leurs invectives et de leurs consolations est pourtant aussi prosaïque qu'elle peut l'être. La geste d'Élie et celle d'Élisée dans les Livres des Rois montrent des hommes aux prises avec les grands de ce monde, le roi et la reine, aussi bien qu'en état de compassion avec des gens plus humbles, comme une veuve qui vient de perdre son enfant. Parfois obligés de fuir devant les menaces, ils peuvent aussi se comporter avec violence envers leurs adversaires (I R, 18, 40; 19, 17). La dénonciation du péché d'Israël jusque dans

le détail des comportements quotidiens, du haut en bas de l'échelle sociale, la critique des institutions aussi bien politiques que religieuses, du palais royal aux sanctuaires et aux sacrifices galvaudés, tout justifie pour les Prophètes un châtiment perçu sous les traits d'une invasion militaire (Is, 10, 28-34). Michée puis Jérémie prépareront plus directement à l'échéance des chutes de Samarie en 721 et de Jérusalem en 587.

Après cette dernière date surtout, le message prophétique subira une mutation importante. Alors qu'avant la chute de Jérusalem, il était dominé par la dénonciation du péché et la menace d'un châtiment, l'épreuve de l'Exil va le faire passer à la consolation et donc à la promesse de retour

“Parle aux habitants de Jérusalem : «Ainsi parle Yhwh. Voyez, je prépare contre vous un malheur, contre vous je médite un plan. Détournez-vous donc chacun de votre voie mauvaise, améliorez vos voies et vos œuvres.» Mais ils vont dire : «Inutile! Nous suivrons nos propres plans; chacun agira selon l'obstination de son cœur mauvais».”

Jérémie, 17, 11-12

sur la Terre et de restauration. Alors l'observance des règles de l'Alliance ne sera plus liée au seul effort personnel, puisque Dieu Lui-même l'inscrira dans les cœurs (Jr, 31, 31-34).

L'espérance messianique

En même temps cependant, cette histoire ne saurait se réduire aux fautes du présent et du passé. L'espérance demeure au cœur des Prophètes, surtout au pire moment de l'épreuve interprétée comme un châtiment divin. N'hésitant pas à intercéder pour ce peuple, pécheur certes, mais «si petit», comme le rappellera Amos (Am, 7, 2. 5; Jr, 15, 11), ils voient dans le temps à venir, dont Dieu reste le maître, les chances d'un salut. Celui-ci se concrétisera, d'abord avec Isaïe, dans l'avènement du nouveau roi (Is, 7, 10-16; 9, 1-6; 11, 1-9), celui qui par héritage est assuré de l'onction royale, c'est-à-dire le «messie» (du verbe hébreu qui signifie «oindre»).

Au fil de décevantes générations, cette figure du Messie prendra progressivement des dimensions nouvelles au point de devenir une figure quasi divine. Une attente particulière naîtra de cette perspective qui déploiera, de prophète en prophète, des traits particuliers : du fils de roi au sceptre de fer, on passera au «Serviteur souffrant», expiant par son sacrifice les péchés de la communauté (Is, 52, 13-53, 12).

Aussi, après l'Exil, prendra forme une figure de plus en plus forte et mystérieuse qui cristallisera l'attente de tous les déçus d'une royauté, d'un peuple et de son histoire qui, depuis les origines, auraient dû témoigner d'une sainteté divine. Lorsque Jésus de Nazareth répandra sa Bonne Nouvelle à travers la Galilée et la Judée, il rencontrera cette attente, aussi mêlée et multiforme qu'elle était alors.

L'arbre de Jessé (à gauche) concrétise, du point de vue chrétien, la réalisation des prophéties messianiques. Issu de Jessé, père de David, le Christ est l'aboutissement de l'arbre généalogique au sommet duquel on le voit, soit enfant avec Marie, soit crucifié. Sa représentation entouré des Prophètes (ci-dessus) relève aussi de la nécessité de prouver la «messianité» de Jésus. Les polémiques avec le judaïsme et la lecture allégorique de l'Écriture développèrent ces interprétations qui dans l'art chrétien firent des Prophètes les parallèles des Apôtres dans l'Ancien Testament.

Vers l'apocalyptique

Tant d'un point de vue doctrinal que d'un point de vue littéraire, surgit dans l'héritage direct du prophétisme l'expression apocalyptique, dont relèvent plusieurs parties importantes des Livres prophétiques comme des Livres historiques, de l'Ancien au Nouveau Testament. Le Livre d'Ézéchiel en premier lieu, mais surtout ceux de Daniel et de Zacharie, en attendant l'Apocalypse de Jean dans le Nouveau Testament, sans oublier tels et tels chapitres des Livres d'Amos et d'Isaïe, offrent les fondements et les pages caractéristiques de ce genre littéraire spécifique.

Ce n'est pas un hasard si l'expression apocalyptique surgit tardivement, au moment de l'Exil, et si elle se développe dans le contexte troublé de l'Israël des IIe et Ier siècles avant notre ère, dominé par des puissances étrangères. Alors que le grand prophétisme avait évolué entre la menace d'un châtiment mérité en raison

“Le roi Balthazar donna un grand festin. [...] Soudain apparurent des doigts de main d'homme qui se mirent à écrire, derrière le candélabre, sur le plâtre du mur du palais royal «Mené, Mené, Teqel et Parsin.» Daniel dit : «Voici l'interprétation de ces mots : Mené : Dieu a mesuré ton royaume et l'a livré; Teqel : tu as été pesé dans la balance et ton poids se trouve en défaut; Parsin : ton royaume a été divisé et donné aux Mèdes et aux Perses».”

Daniel, 5, 15. 26-28

du péché d'Israël, et la consolation qui suit ce châtiment, le genre apocalyptique dit une autre situation historique et théologique. Il émane d'une sorte de scandale : le peuple élu subit un mal destructeur et risque l'anéantissement alors qu'il n'a rien à se reprocher et qu'en tout cas ce mal est sans proportion avec une transgression. Autrement dit, le genre apocalyptique naît d'une situation de détresse inexplicable par les voies traditionnelles du péché et du châtiment. Qui plus est, ce qui est subi est en contradiction avec les promesses divines d'avenir et de vie.

Une révélation

Complexe, troublant dans l'éclat mystérieux de ses images, le genre apocalyptique est paradoxalement

La littérature apocalyptique, depuis les visions d'Ézéchiel (ci-dessus, *incipit* du Livre d'Ézéchiel) jusqu'aux Livres de Daniel ou de Zacharie, favorisa un jeu d'images et de scènes presque hallucinées. Aussi étroitement liée à la réalité politique que la littérature prophétique, la littérature apocalyptique présente de nombreuses scènes où le fantastique, dans le festin de Balthazar (page de gauche) comme dans l'évocation de la «résurrection» selon la vision des ossements desséchés d'Ézéchiel (Ez, 37, 1-14) d'une miniature musulmane (ci-contre), le dispute à l'espérance que cette littérature doit rendre aux fidèles de Yhwh soumis aux tracas et persécutions des pouvoirs en place.

simple dans son principe. Le terme grec qui est à la base du terme «apocalypse» signifie «révélation». À un moment crucial de la vie du peuple, se lève un «prophète» qui transmet une «révélation», laquelle naît d'une «vision», ou plus exactement d'un ensemble de visions.

Schématiquement, le processus apocalyptique peut se décrire ainsi : alors que les justes sont sur terre soumis à une implacable et inexplicable persécution, le visionnaire d'apocalypse voit s'ouvrir les cieux et saisit l'univers dans sa dimension cosmique. Cette vision lui révèle un combat dans lequel les milices célestes, anges et archanges, se trouvent engagées contre les forces du mal. Ce qui se passe sur Terre et dont souffre le peuple élu des justes apparaît alors comme un élément de ce combat cosmique. Et la vision apocalyptique veut montrer que, malgré la tragédie vécue par les justes et les croyants, les forces divines engagées dans ce combat garantissent aux justes la victoire au terme de l'épreuve. Le principe apocalyptique est donc une interprétation théologique et consolatrice de l'histoire au moyen de procédés littéraires soigneusement codifiés. Pour cela, cette interprétation emprunte aux écrits bibliques antérieurs nombre de ses thèmes et de ses images

Placée sous le signe du combat des milices célestes contre les forces du mal, l'apocalyptique marque par avance leur triomphe au service de Yhwh dans l'Ancien Testament, puis, au service de l'Agneau, symbole du Christ ressuscité dans le Nouveau. En même temps, la vision apocalyptique intègre les grandes figures du passé pour maintenir les lecteurs dans l'espérance.

et récupère en particulier tous les symboles liés à l'idée de création où les eaux, le feu, l'opposition ciel et terre expriment et dénoncent les forces du mal. Celles-ci ont une réalité terrestre précise, principalement militaire et politique, empires et royaumes persécuteurs du peuple élu. Au terme, qui ne saurait tarder et que la prière des justes doit hâter, ces forces seront vaincues par Dieu et ses milices.

Cette représentation de l'«ouverture» selon Jérôme Bosch montre à la fois le caractère ténébreux et lumineux de la vision apocalyptique, l'épreuve de la persécution et de la mort débouchant dans l'au-delà sur la vision de la Jérusalem céleste. L'image symbolise aussi la durée de l'épreuve dans laquelle peuvent encore se trouver les lecteurs du message.

Une ouverture

Au cœur de l'épreuve, l'apocalyptique ouvre donc un espace, dit une espérance et encourage à la résistance malgré la dureté et l'échec du martyre imposé, lequel n'est que passager. D'une certaine façon, le genre apocalyptique prolonge et déploie le message prophétique en même temps qu'il récapitule les acquis de l'Écriture dont il est aussi une relecture. De ce fait, il ouvre à une autre étape de la composition et de l'intelligence de la Bible.

Ainsi, et même s'ils ne peuvent y être réduits, l'avènement du christianisme et donc la production d'une partie des écrits du Nouveau Testament, et pas seulement du Livre de l'Apocalypse de Jean, s'expliqueront par le déploiement de la vision apocalyptique de l'histoire. Le temps d'épreuves qui s'était ouvert pour Israël dès le début de son histoire et dont les Prophètes avaient tenté une lecture déjà fondatrice, se déploie désormais dans la prise en compte du scandale du mal et de la persécution : par-delà Job et Qohélet, par-delà les Prophètes eux-mêmes et leur attente des «temps messianiques», l'Apocalyptique dit un universalisme que le christianisme et le Nouveau Testament tenteront de concrétiser.

“Je regardais dans les visions de la nuit, et voici qu'avec les nuées du ciel, venait comme un Fils d'Homme.”
Daniel, 7, 13

R.S·SCIE
NTES·Q
VIA·HORA·
E·IAM·NO
S·DE·SPNO·
SVRGERE·

Le Nouveau Testament constitue, pour une large part, la relecture de l'Ancien Testament qu'il clôt par son existence même en rendant compte de l'apparition, de l'enseignement et du destin de Jésus de Nazareth, reconnu Messie et Fils de Dieu par la communauté – chrétienne – qui se réclame désormais de lui. Il achève la Bible en la constituant comme Livre en deux parties.

CHAPITRE 5

UNE AUTRE BIBLIOTHÈQUE, LE NOUVEAU TESTAMENT

La main de saint Paul tenant ouvert le recueil de ses Épîtres (à gauche) exprime l'activité scripturaire qui caractérise la première génération chrétienne et affirme la place de l'écrit dans la diffusion de l'enseignement du Christ (ci-contre, représentation du dernier repas pascal de Jésus, la Cène).

La double dénomination de l'Ancien et du Nouveau Testament marque les deux parties distinctes de la Bible chrétienne qui est précisément la réunion de ces deux Testaments. Mais pas plus que l'une ne s'oppose à l'autre, elles ne relèvent du même projet.

En effet, il y a à l'origine du Nouveau Testament, et dans la relation qu'il entretient avec l'Ancien, l'ensemble des événements qui se sont cristallisés autour de la personne de Jésus de Nazareth, né aux alentours de l'an 5 avant notre ère.

La «bibliothèque» Nouveau Testament

Apparemment, et mise à part la disparition de l'hébreu au bénéfice de la seule langue grecque, l'ensemble que constitue le Nouveau Testament relève du même principe de composition que l'Ancien : la juxtaposition d'une série de «Livres» ou de brefs documents, très divers, plus ou moins logiquement regroupés, liés à une histoire qui, pour être moins considérable que celle de l'Ancien Testament – à peine un siècle –, n'en est pas moins importante et significative.

Cette présentation en forme de bibliothèque des quatre Évangiles (sur une mosaïque à Ravenne) consacre la reconnaissance des Évangiles «canoniques» au ve siècle.

Tel qu'il se présente aujourd'hui, le Nouveau Testament est divisé en trois parties : la première, de type narratif et historique, comprend les quatre Évangiles, attribués à Matthieu, Marc, Luc et Jean, et les Actes des Apôtres en continuité de l'Évangile de Luc; la deuxième partie regroupe une série d'épîtres, ou lettres, émanant de disciples du Christ ou attribuées à ceux-ci et adressées soit à des communautés chrétiennes soit à des personnes; enfin l'Apocalypse de Jean, qui renvoie au genre apocalyptique de l'Ancien

Testament, est un Livre unique en son genre dans le Nouveau Testament et clôt à la fois le Nouveau Testament et la Bible.

La personne de Jésus, son enseignement et son destin commandent pour une part l'ensemble de la composition de ces textes. Mais pour une autre part, les besoins et exigences de la Communauté chrétienne issue de cet enseignement et de ce destin en sont également à l'origine.

Autrement dit, le Nouveau Testament comme l'Ancien est le produit d'une double appréhension, celle d'une histoire, de Jésus de Nazareth et des premières communautés qui se sont réclamées de lui et de son salut, celle d'une intelligence, de l'enseignement et du destin de Jésus comme Messie et Fils de Dieu, en quoi il y a aussi «catéchèse» et théologie.

Les nombreux sarcophages romains et gallo-romains des IVe et Ve siècles montrent des scènes directement inspirées des Évangiles (à gauche, lavement des pieds selon Jean, 13, 1; au centre, le Christ remettant son enseignement à Pierre; à droite, les noces de Cana), mais traitées dans un style «romain», c'est-à-dire selon un art habitué à la représentation des dieux, des personnages et des vêtements. Les scènes, facilement reconnaissables, manifestaient l'intégration de la nouvelle religion à la société du temps, les sculpteurs pouvant passer d'un art «païen» à un art «chrétien».

Les quatre Évangiles

Les quatre Évangiles qui ouvrent le Nouveau Testament ont toutes les apparences du récit historique et biographique. Ils racontent l'histoire de Jésus de Nazareth, les uns, Matthieu et Luc, depuis les événements ayant immédiatement précédé sa naissance, les autres, Marc et Jean, à partir du moment où il entame sa vie de prédicateur et de thaumaturge itinérant. Tous les quatre aboutissent à un ensemble de mêmes

événements, pourtant rapportés de façon sensiblement différente : un complot dans lequel joue la trahison d'un de ses disciples, Judas, aboutissant à son arrestation, à un procès bâclé, à une condamnation à mort et une exécution par le supplice de la crucifixion, entre l'an 30 et l'an 35. Après le récit d'un ensevelissement fait à la hâte, les quatre Évangiles rapportent une succession de récits d'apparitions et de manifestations de ce même Jésus, dont les disciples confesseront qu'ils l'ont bien revu vivant et qu'il est donc ressuscité d'entre les morts.

La logique narrative, malgré des variantes importantes d'un Évangile à l'autre, et surtout les différences des trois premiers par rapport au quatrième, celui de Jean, reste donc fidèle au principe chronologique, même si, en fin de compte, l'ensemble des faits rapportés ne recouvre que quelques semaines d'une vie qui a compté entre trente-cinq et quarante années. Cette brièveté dit que le souci biographique et historique ne fut pas le seul but des rédacteurs des Évangiles. C'est le cas de l'introduction de l'Évangile de Luc (Lc, 1, 1-4) ou de l'une des deux finales de celui de Jean (Jn, 20, 30-31) où il s'agit au moins autant, sinon davantage, d'inviter à la foi sur fond de «catéchèse» que de rapporter un ensemble exhaustif de faits.

Les exégètes évoquent une source commune aux Évangiles synoptiques (ici une synopse des textes de Matthieu, Marc et Luc). Même si le texte de la source n'existe plus, s'il est difficile d'établir des rapports relationnels, généalogiques entre les synoptiques, on peut, grâce à différentes hypothèses, approcher le travail d'élaboration, le caractère composite, le projet et la théologie propres à chacun d'eux.

Les trois Évangiles, de Matthieu, de Marc et de Luc, sont appelés Évangiles synoptiques, dans la mesure où ils peuvent être mis «en synopse», c'est-à-dire en colonnes parallèles, révélant des similitudes de récits et de constructions, et donc de sources et d'informations. De ce fait, ils font mettre à part le «quatrième Évangile», l'Évangile de Jean, qui relève d'une tout autre construction.

Le rapport aux Écritures

Tout au long de leur rédaction, les Évangiles se réfèrent aux Écritures ou renvoient à «La Loi et les Prophètes», ou encore et de façon équivalente à «Moïse et les Prophètes». Ils puisent dans un trésor de «figures», de modèles préfiguratifs que Jésus comme Christ et Fils de Dieu est venu «accomplir». Ce faisant, les auteurs des Évangiles comme tous ceux du Nouveau Testament manifestent le lien organique qui, par Jésus précisément, relie les deux Testaments.

Corrélativement, l'originalité de sa personnalité et de son destin réduisent, pour ainsi dire, les Écritures à une fonction prophétique de préparation. Celles-ci ont désormais besoin de ce principe pour être correctement comprises et interprétées. Saint Paul, notamment, dans ses Épîtres, explicitera cette perception et conception, tant de la personne du Christ et de son rôle que des Écritures elles-mêmes.

Les quatre Évangélistes sont désignés par un être ailé, issu d'une vision d'Ézéchiel (Ez, 1, 4-28), qui symbolise la

particularité de leur projet. Matthieu (à gauche, en haut) : un jeune homme, car il est sensible à l'humanité de Jésus; Marc (à gauche, en bas) : le lion animal du désert, car il commence par la prédication de Jean-Baptiste dans le désert;

Luc (ci-dessus) : le taureau animal des sacrifices, son Évangile débutant dans le Temple; Jean (ci-dessus) : l'aigle qui vole haut, car il voit jusqu'«au commencement» de tout.

La «mise en images» des récits évangéliques ne va jamais sans interprétation ou adaptation selon les goûts du temps, mais aussi selon la compréhension qu'en a l'artiste. Giotto, dans les fresques de la chapelle Scrovegni à Padoue, est à la fois illustrateur soucieux de réalisme et d'attention aux détails (Lazare lié de bandelettes, témoins se bouchant le nez...) et porteur de sens. Pour l'artiste comme pour l'évangéliste, il importe de signifier l'humanité du Christ (la Visitation ou rencontre de Marie et d'Elisabeth enceintes, l'Enfant Jésus emmailloté dans la crèche...) en même temps que le monde surnaturel et la divinité du Christ : auréoles, présence des anges, cieux déchirés au moment du Baptême, prosternation de Marthe et de Marie lors de la résurrection de Lazare. Les fresques de Giotto, comme la plupart des cycles de représentations médiévales, puisent indifféremment dans les quatre Évangiles, n'hésitant pas, une fois ou l'autre, à s'inspirer aussi des évangiles apocryphes. Page de gauche, de haut en bas : la Visitation, la Nativité, le Baptême du Christ; ci-contre, le Christ ressuscitant Lazare.

S'il est très probable que les récits de la Passion représentent, dans les Évangiles, l'ensemble le plus anciennement rédigé à la fois pour des raisons doctrinales (c'est par la mort et la résurrection du Christ que le croyant est sauvé) et pour des raisons liturgiques (la célébration hebdomadaire du «Jour du Seigneur» et la célébration de Pâques et des baptêmes), ils ont naturellement fortement marqué l'art chrétien. Depuis la Cène où le Christ institue l'Eucharistie jusqu'à la crucifixion, les artistes ont traditionnellement ressaisi un ensemble unifié de représentations et de significations. Comme pour les scènes précédentes, Giotto joue à la fois du registre du réalisme, qui n'atténue pas le drame qui se joue, et du registre du mystère christique, qui s'exprime dans l'institution de l'Eucharistie, dans la maîtrise de Jésus lors de son arrestation, de son procès et jusque sur la Croix.
Page de gauche, de haut en bas : la Cène, le baiser de Judas, la Dérision de Jésus. Ci-contre, la Crucifixion.

Deux personnalités différentes vues par le Greco : Pierre, pêcheur du lac et compagnon du Christ (à gauche); Paul, pharisien, intellectuel, qui réfléchira sur la signification salutaire de la mort et de la résurrection du Christ.

Les Épîtres

À la suite des Actes des Apôtres qui rapportent, pour l'essentiel, les événements de la toute première génération chrétienne après la disparition de Jésus, les Épîtres constituent la deuxième partie du Nouveau Testament. Ces Épîtres sont attribuées à cinq auteurs entre lesquels elles sont très inégalement distribuées : Paul s'en voit attribuer treize – sans oublier l'épître aux Hébreux dont le genre littéraire est assez différent –, Jacques n'en compte qu'une, Pierre deux, Jean trois et Jude une seule.

De façon générale, ces Épîtres se présentent effectivement comme des lettres adressées à des communautés chrétiennes bien localisées (Thessalonique, Corinthe, Éphèse, Rome...) ou à des responsables de communautés (Timothée, Tite...). Leur but est de répondre à des questions plus ou moins urgentes, soit de doctrine, soit de comportement, ou à des demandes de secours.

La multiplicité de ces lettres, comme celle de leurs destinataires et de leurs destinations, montre l'expansion rapide du christianisme autour du Bassin méditerranéen entre l'an 45 et l'an 90. Si elles ne rapportent que peu de faits et d'événements, elles disent l'impact du message évangélique tant parmi les Juifs que parmi les païens, et les résistances auxquelles il se heurta. Fondées sur le caractère salutaire de la mort et de la résurrection du Christ, elles négligent les aspects historiques ou biographiques de son destin.

Paulinisme et deutéropaulinisme

Si treize Épîtres sont traditionnellement attribuées à Paul, il s'en faut qu'elles émanent toutes directement de lui. Aussi distingue-t-on les Épîtres pauliniennes des Épîtres deutéropauliniennes, ces dernières ayant pu être écrites par des disciples et secrétaires pendant ses absences ou même après sa mort. Une telle pratique n'a rien d'extraordinaire dans le contexte rédactionnel du judaïsme du temps.

C'est la parole des disciples et de leurs premiers convertis qui d'abord répandit la «Bonne Nouvelle» («évangile») du Christ. Les personnages de Pierre et de Paul symbolisent fortement cette première prédication aux Juifs et aux Païens dont les Actes des Apôtres (ci-dessus, dans un manuscrit syriaque vers 1216) constituent un témoignage. Ce Livre, tout en fourmillant d'informations, d'événements et de personnages, calque l'itinéraire de Pierre et de Paul sur celui de Jésus. En même temps, et sans cacher les difficultés, il montre comment l'Évangile, moins de trente ans après la mort et la Résurrection du Christ, avait atteint Rome, capitale de l'Empire.

«Tout à coup, il y eut un bruit qui venait du ciel comme le souffle d'un violent coup de vent : la maison où ils se tenaient en fut toute remplie; alors leur apparurent comme des langues de feu qui se partageaient et il s'en posa sur chacun d'eux. Ils furent tous remplis d'Esprit Saint et se mirent à parler d'autres langues, comme l'Esprit leur donnait de s'exprimer.»
Actes des Apôtres, 2, 1-4

L'événement de la Pentecôte (peint ici par Botticelli), rapporté par les Actes des Apôtres, confère une forte charge symbolique aux origines du christianisme après la disparition du Christ. Il montre d'abord une communauté de disciples (où est présente Marie, mère de Jésus) marquée par la crainte et l'incertitude. L'«effusion de l'Esprit», annoncée par Jésus et éprouvée sous la forme d'un vent violent et de langues de feu, signifie la puissance de la Parole qui va être répandue sans qu'aucun obstacle ne lui résiste vraiment, pas même celui des différences de langues et de cultures. Cet événement marque le point de départ de l'expansion universelle du message christique avec constitution d'une communauté de croyants, l'Église.

Un maître en Israël, un rabbi d'un certain renom, regroupait autour de lui des disciples qui recueillaient ses enseignements par écrit ou les lettres qu'il leur dictait. Étant donné ses titres à l'intérieur du judaïsme, ainsi qu'il le rappelle l'une ou l'autre fois (II Co, 11, 22; Ph, 3, 4-6), et aussi l'autorité dont il disposait dans les premières communautés chrétiennes, Paul faisait partie de ces «autorités» qui transmettaient un message par le truchement de disciples et de secrétaires.

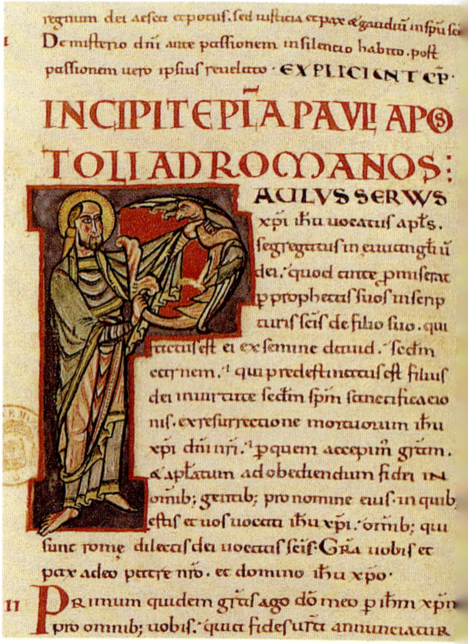

Ceci explique des différences importantes d'enseignement sur un même sujet, voire certaines contradictions, ce qui, dans le contexte du Ier siècle chrétien ne présentait aucun inconvénient pour les bénéficiaires des textes. Reste le problème de quelques Épîtres qui peuvent être pauliniennes, mais sont aujourd'hui le résultat de l'addition de fragments d'Épîtres plus ou moins adroitement unifiés (II Co, Ph)...

Une critique interne des différentes Épîtres qui sont attribuées à saint Paul permet aujourd'hui de déterminer celles qui ont été rédigées directement sous son autorité, voire sa dictée (I Th, I Co, Ga, Rm...) et les autres, qui ont pu être demandées à ses disciples et héritiers comme dépositaires de sa pensée pour les besoins de telle ou telle communauté (I et II Tim, Col...); d'où le nom d'Épîtres «deutéropauliniennes»

Chronologie et composition du Nouveau Testament

Avant d'aborder le dernier Livre du Nouveau Testament, l'Apocalypse, le rapport entre les Évangiles et les différentes Épîtres contraint à se poser la double question de leur chronologie et de l'ordre de constitution du Nouveau Testament. La logique qui préside à la composition actuelle

du Nouveau Testament veut que l'histoire précède l'exposé de la doctrine et aille des Évangiles aux Épîtres. En réalité, l'ordre de composition est pour une large part inverse, pour des raisons précises. Et tout d'abord, l'absence d'horizon historique.

En effet, et la première épître aux Thessaloniciens le montre (I Th, 4, 15-17), la foi en la résurrection du Christ a conduit la toute première communauté chrétienne, entre 35 et 50, à la conviction de son «retour» imminent. Ainsi, «en un instant, en un clin d'œil, au son de la trompette finale, car elle sonnera la trompette, les morts ressusciteront incorruptibles, et nous, nous serons transformés» (I Co, 15, 52).

Une telle conviction, qui ne résistera pas à l'expérience de la durée et de la succession des morts, ni sans doute à l'expérience de la persécution, eut pour effet entre les années 40 et 50 d'exclure tout avenir historique de l'esprit de beaucoup de chrétiens. Il n'y avait donc aucune urgence à conserver la mémoire d'un passé récent.

Les premières générations furent fortement marquées par l'idée d'une proche fin des temps. Cette résurrection des morts (ci-contre) évoque «la voix de l'archange et la trompette de Dieu» comme signe de cette fin et de cette résurrection. Malgré ce sentiment d'urgence du retour du Christ, les premiers chrétiens et Paul lui-même réalisèrent qu'une histoire devait se faire selon les enseignements de l'Évangile. C'est à cela que les différentes Épîtres (à gauche, première page d'une Épître de Paul aux Romains, dans une bible latine de la fin du XIe siècle) prépareraient les chrétiens qui «étaient dans le monde sans être de ce monde» (Jn, 17, 15-16).

“Celui qui nous a formés pour cet avenir, c'est Dieu, qui nous a donné les arrhes de l'Esprit. Ainsi, donc, nous sommes toujours pleins de confiance, tout en sachant que tant que nous habitons dans ce corps, nous sommes loin de notre demeure, car nous cheminons par la foi, non par la vue.”

Épître de Paul aux Corinthiens 5, 5-8

L'inscription en araméen du nom de Jésus (ici sur un sarcophage de la fin du Ier siècle) est pour les premiers chrétiens une forme de déclaration de leur appartenance à la nouvelle religion. Pour cette «confession», ils seront persécutés pendant près de trois siècles, et cela dès le commencement. C'est le cas de Jacques, «frère du Seigneur», dont le martyre (ci-dessus) est attesté par l'historien juif Flavius Josèphe avant la fin du Ier siècle.

Dans ces conditions, les premiers écrits chrétiens furent d'abord utilitaires. Les premières Épîtres, de saint Paul notamment, durent répondre aux questions urgentes, comme celle des morts et de leur destinée, ou encore celles des comportements dans un monde hostile ou difficile. C'est pourquoi les premiers écrits synthétiques dans le Nouveau Testament sont, selon toute vraisemblance, les premières grandes Épîtres de Paul, la première épître aux Thessaloniciens, la première épître aux Corinthiens, l'épître aux Galates, etc.

Formules de credo et hymnes

Mais ces Épîtres enferment de précieux documents antérieurs qui nous renseignent sur le processus d'élaboration du Nouveau Testament : les formules de credo et les hymnes. Les formules de credo se présentent plus ou moins clairement comme des citations qui condensent en quelques formules l'essentiel de la foi chrétienne. La plus explicite est celle que Paul, dans la première épître aux

Corinthiens, dit «avoir reçue» : «Je vous ai donc transmis en premier lieu ce que j'avais moi-même reçu, à savoir que le Christ est mort pour nos péchés selon les Écritures, qu'il a été mis au tombeau, qu'il est ressuscité le troisième jour selon les Écritures, qu'il est apparu à Céphas [Pierre], puis aux Douze [Apôtres]» (I Co, 15, 3-5). Ces formules de credo sont en fait disséminées dans tout le Nouveau Testament, y compris dans les Évangiles.

Les hymnes, annoncées ou non, facilement repérables par leur prosodie, rythmes et assonances, témoignent d'une autre activité de la première communauté, l'activité liturgique. Élaborées avec soin, faites pour être chantées, elles contiennent aussi, selon leur genre, l'essentiel de la foi chrétienne telle qu'on la ressaisissait dans les premières décennies du Ier siècle. Elles se retrouvent non seulement dans les Épîtres, mais aussi dans les Évangiles et dans l'Apocalypse.

«Logia» et premiers récits

La tradition de l'Ancien Testament comme du judaïsme contemporain du Christ faisait conserver les dits et enseignements des maîtres en Israël, les *logia* (pluriel du grec *logion*, qui veut dire «parole» ou «propos»), à commencer par ceux des prophètes et des sages. Il en fut de même pour Jésus dont on conserve, encore repérables dans d'importantes sections des Évangiles, des listes de *logia* (par exemple : Mt, 5-7). Les rédacteurs n'ont pas toujours cherché à intégrer ces propos à leur trame narrative et les ont laissés sous leur forme de listes sans trop se soucier d'une rigoureuse cohérence.

Le baptême, sacrement d'entrée dans la vie chrétienne, reste le signe le plus ancien et le plus manifeste de l'appartenance au christianisme. Dans la mouvance de la Passion, de la mort et de la Résurrection

du Christ, il signifie le passage de la mort à la vie pour le converti, l'abandon du «vieil homme» pour «revêtir l'homme nouveau» selon saint Paul : «Comprenons-le, notre vieil homme a été crucifié» avec le Christ, sachant qu'«une fois ressuscité des morts, le Christ ne meurt plus... Et vous de même, considérez que vous êtes morts au péché et vivants à Dieu dans le Christ Jésus» (Rm, 6, 6-9. 11).

D'autre part, l'importance des récits évangéliques sur la passion, la mort et la résurrection du Christ, leur unité comme leurs détails et la place qu'y occupent les citations d'Écriture permettent de penser qu'il y a là les premières rédactions un peu conséquentes, faites sans doute dans la perspective d'un usage liturgique.

Ces récits durent être répétés quasiment tels quels avant d'être intégrés à la rédaction des Évangiles pour lesquels ils ont sans doute joué un rôle de cristallisateurs.

L'épreuve de la durée et l'histoire

Il faudra attendre au moins le milieu du Ier siècle et sans doute plus tard, peut-être la chute de Jérusalem en 70, pour que les chrétiens prennent conscience que le retour du Christ laisserait du temps à une histoire. Certes, les nécessités de la prédication, la conviction que l'Évangile devait être annoncé à toute la terre, aussi restreinte qu'elle fut à l'époque, jouèrent un rôle dans cette prise de conscience, mais aussi l'épreuve des persécutions qui s'abattirent sur la communauté dès le milieu du siècle.

En même temps que se développait la foi en l'Esprit répandu au moment de la Pentecôte, les nécessités et les risques de la mémoire conduisirent

La scène de la Tempête apaisée, relatée par les trois synoptiques, prend chez Matthieu, par un subtil glissement de vocabulaire, une portée symbolique faisant de la barque en danger sur la mer, tandis que le Christ dort, l'image de l'Église agitée sur la tempête du temps alors que ses disciples perçoivent le silence – l'absence – de leur Maître (Mt, 8, 23-27 et Lc, 8, 22-25).

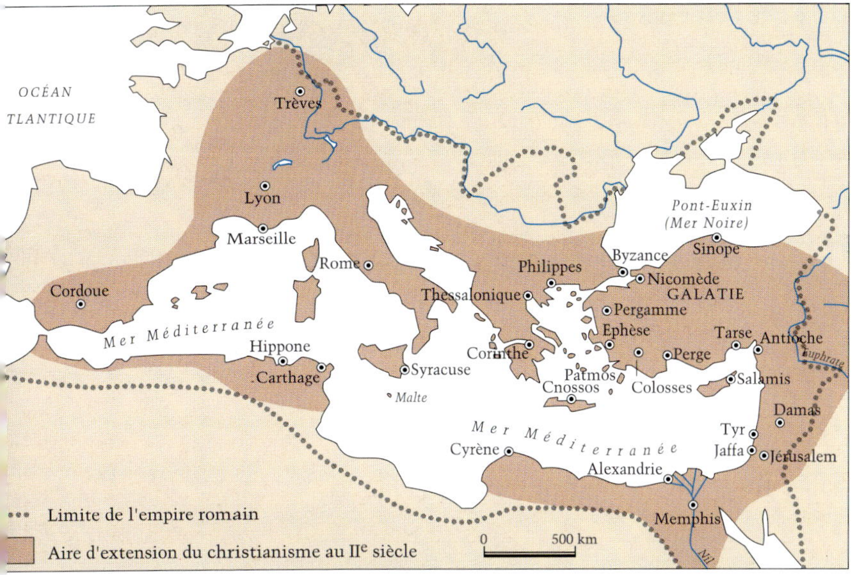

des auteurs à un travail à la fois de compilateurs, d'historiens et de catéchistes. Les Évangiles naquirent de cette confluence de documents, de questions de mémoire et de doctrine en même temps que des nécessités d'une certaine actualisation du message du Christ.

En effet, non seulement les Évangiles garderont mémoire des événements du passé, mais dans la conviction du Christ toujours vivant du fait de la résurrection, ils actualiseront ces événements et ces enseignements, n'hésitant pas à jouer de la symbolique des mots, par exemple pour que derrière le prodige de la «multiplication des pains» leurs lecteurs comprennent l'évocation de l'Eucharistie, ou derrière celui de la «tempête apaisée», ils perçoivent l'Église au milieu des tourments de ce monde.

De ce fait, les Évangiles appartiennent à un genre littéraire spécifique, sans véritable modèle, dans lequel l'histoire a sans doute sa place, mais une place partagée avec les soucis d'enseignement, de réflexion, de symbolisation et d'actualisation.

Cette carte de l'expansion du christianisme au IIe siècle permet de visualiser sa rapidité et son importance. Ce phénomène reste, en grande partie, difficile à expliquer, même si la nouvelle religion bénéficia largement des nombreux relais que furent les communautés juives du Bassin méditerranéen et de la *Pax romana*. Ainsi, entre 45 et 55, Paul put fonder ou visiter les communautés de Galatie, Thessalonique, Corinthe, Philippes et Rome.

Les écrits apocryphes

Plusieurs textes que les Églises chrétiennes n'ont jamais reconnus comme faisant partie des Écritures et donc du Nouveau Testament sont désignés par cette expression. Il y a ainsi une série d'«Évangiles» (de Thomas, de Pierre, de Jacques...), d'«Actes» de différents apôtres, d'Épîtres attribuées à Paul, etc., qui constituent un ensemble d'ailleurs assez considérable d'écrits. Rédigés en différents endroits du Bassin méditerranéen oriental, de la Syrie à l'Égypte, entre le IIe et le VIe siècle de notre ère, ils relèvent souvent de communautés considérées comme hérétiques, le plus souvent «gnostiques», c'est-à-dire réservant le salut du Christ à ceux qui ont été initiés à la «connaissance» (la gnose en grec), en contradiction avec le projet d'universalisme de l'Évangile. Outre les informations qu'ils fournissent sur le bouillonnement de réflexion des premiers siècles chrétiens, ces écrits peuvent parfois véhiculer les restes de textes plus anciens, proches des disciples immédiats du Christ. D'autre part, ils sont symptomatiques d'un temps où les exigences de la mémoire ne se satisfaisaient pas des «informations» historiques fournies par les Évangiles et les Actes des Apôtres, considérées comme insuffisantes. Ainsi, il y a une fonction de suppléance assurée par la littérature apocryphe, qui repose le plus souvent sur un imaginaire en écho d'époques, de milieux et d'auteurs tardifs.

L'Apocalypse de Jean

Si l'on trouve des traits apocalyptiques dans les Évangiles et les Épîtres, l'Apocalypse de Jean exprime le double héritage de l'apocalyptique juive et de la foi au Christ. Ce Livre dit le choc éprouvé par les premières générations chrétiennes en raison des différentes persécutions qui, jusqu'à la fin du Ier siècle, sans parler de celles qui suivirent, s'abattirent sur elles. Or la conviction d'avoir les «paroles de la vie éternelle», de bénéficier de la protection de ce Vivant qu'était le Christ qui avait vaincu les puissances du mal et de la mort, se heurtait à l'échec et au risque d'anéantissement tant par la mort que par les reniements arrachés sous l'emprise de la torture et de la peur.

Comme dans le judaïsme tardif, un «prophète» se leva qui «vit le ciel ouvert» et, trônant en son centre, l'Agneau égorgé, c'est-à-dire le Christ, auquel fut donné tout pouvoir sur terre comme dans le ciel. L'épreuve de la persécution explicitement dénoncée à plusieurs reprises, et notamment au chapitre 6, devait donc apparaître comme la manifestation terrestre du combat cosmique dont la victoire appartiendrait à l'Agneau et donc à ses anges et à ses fidèles, les chrétiens. Ainsi, avec le Nouveau Testament, toute la Bible s'achève, pour les chrétiens, sur une ultime prière destinée à hâter le retour du Christ, «Viens, Seigneur Jésus!»

L'Apocalypse de Jean (à gauche, saint Jean rédigeant à Patmos) donne un accent nouveau à ce genre littéraire. La présence de l'Agneau égorgé, symbole du Christ mort et ressuscité (ci-dessous), domine cette vision de l'Histoire. Mais le projet reste le même que dans l'Ancien Testament : exhorter les croyants et les justes à la patience et à l'espérance, les «cieux ouverts» que voit Jean, le visionnaire, garantissant leur victoire finale et leur réunion dans la Jérusalem céleste autour du «trône de Dieu et de l'Agneau» (Ap, 22, 3).

Même si on reçoit la Bible comme un «livre» définitivement clos, la rencontre avec ce Livre s'effectue toujours dans le contexte d'une culture et d'une sensibilité particulières. Si le texte demeure, l'art de sa traduction et plus encore l'art de son interprétation changent, nourrissant différemment selon les époques l'expérience religieuse et l'intérêt du lecteur.

CHAPITRE 6

VINGT SIÈCLES DE LECTURE...

De l'interprétation, en 1995, de l'opéra de Schönberg *Moïse et Aaron* (à gauche) à la lecture de la Bible en famille au XVIIe siècle (ci-contre), c'est la permanence d'un intérêt et la force d'une symbolique, ici représentées selon des modes qui confirment la richesse et la constance de l'attention au «Livre».

Saint Jérôme (347-420), traducteur de la Bible en latin, a témoigné d'un génie particulier de la traduction, tant par sa connaissance des langues que par la quâlité de son style littéraire. Avec sa traduction dite «la Vulgate», l'Occident latin lui doit une des sources principales de sa culture jusqu'à ce que l'humanisme de la Renaissance ne revienne à la «vérité grecque» puis à la «vérité hébraïque» du texte.

Une histoire de lecture

Produit d'une histoire qui l'a en même temps produite, la Bible est lue aujourd'hui au terme toujours provisoire d'une autre histoire, celle de vingt siècles. À l'échelle humaine, ces vingt siècles ne sont nullement négligeables, même si notre lecture actuelle, personnelle, ne dépend pas de tous les instants de cette histoire.

Or, l'Ancien Testament, dans ses livres les plus tardifs, montre déjà qu'il est pour une part «reçu», relu, expliquant et commentant lui-même pour ainsi dire ses livres plus anciens : ainsi, en tout ou en partie, la littérature apocalyptique comme la littérature sapientielle, comme les livres des Chroniques supposent l'existence antérieure non seulement d'événements (Création, Exode...) et de personnages (Moïse, David, Salomon...), mais aussi de livres (des Juges, de Samuel et des Rois...) qui se trouvent relus. Et le Nouveau Testament, comme le suggèrent ses nombreuses références et

allusions à l'Écriture (ou aux Écritures), se présente aussi comme une «relecture» de tout l'Ancien en fonction ou à partir du Christ.

Une réception difficile

Le christianisme fut donc un puissant facteur pour la connaissance de la Bible à travers le monde méditerranéen d'abord, puis en direction des mondes européens et africains, ce que concrétisèrent, dès le IVe siècle, ses traductions en guèze (éthiopien), en arménien et en latin. Pourtant, au début surtout, la réception de la Bible ne se fit pas sans difficultés.

Si, pour les chrétiens d'origine juive, la lecture des Écritures ne posa pas de problèmes particuliers sinon ceux que soulevait leur application au Christ, il n'en fut pas de même pour les chrétiens d'origine païenne. Les Écritures leur apparurent d'abord étranges : l'histoire d'Israël était banale et modeste comparativement à celle des grandes nations et des empires contemporains (égyptien, mésopotamien, grec…), sans parler des récits de création et d'origines qu'il était facile de comparer aux mythologies et cosmogonies païennes, soit pour les assimiler et les critiquer, soit pour en révéler l'insignifiance et le ridicule. Il fallut le génie des premiers Pères de l'Église pour aider à dépasser cette répugnance dont témoignait au IVe siècle encore le jeune Augustin à la veille de sa conversion.

Saint Augustin est avec Jérôme un des maîtres de l'Occident latin dans son intelligence de l'Écriture. Il éprouva d'abord des difficultés à trouver la voie de la vérité dans le Christ. Après avoir essayé plusieurs écoles, il fut converti par un autre père de l'Église, Ambroise de Milan. D'une large culture, d'une intelligence très brillante, ses commentaires des textes bibliques, en prédication comme en traités, ne se départissent jamais d'une grande attention au texte, à son genre littéraire, afin que, même lorsqu'il allégorise, le lecteur n'en perde pas le sens premier qui porte déjà leçon et enseignement.

Le temps de l'allégorie

L'intégration des Écritures à la nouvelle culture chrétienne fut facilitée par l'usage de l'allégorie, qui permettait de voir dans les personnages et les événements de l'Ancien Testament la «figure», le «type», de ce que le Christ était et avait vécu. Après le Christ, l'Église puis les chrétiens entrèrent à leur tour dans cette voie autorisant à lire dans les Écritures leurs propres nature et expérience.

Cette façon de lire les Écritures allait perdurer près de quinze siècles, de l'époque des Pères de l'Église (IIe-Ve siècle) à la fin du Moyen Âge. À l'origine des grands commentaires des différents

La «Bible des pauvres» (à gauche, une page xylographiée et coloriée d'une «Bible des pauvres» flamande, vers 1460) utilisait une construction imagée de l'allégorie. Ici la scène de la Tentation du Christ au désert, racontée dans les Évangiles synoptiques, est encadrée de deux récits de «tentations» de l'Ancien Testament qui l'éclairent comme elle les éclaire : à droite, la tentation d'Adam et d'Ève au chapitre 3 de la Genèse; à gauche Esaü vendant son droit d'aînesse pour un plat de lentilles. Les textes, versifiés ou assonancés, souvent des formules brèves, étaient des aide-mémoire tant pour le prédicateur et commentateur que pour l'éventuel lecteur. Cette Bible en affiche s'oppose à la richesse des bibles enluminées (ci-dessous, une bible historiale de 1357).

livres bibliques comme à la source de l'intelligence doctrinale du Christ et de l'Église, elle devait féconder aussi l'art chrétien : jusqu'au seuil du XVIe siècle, et parfois un peu au-delà, les évangiles et en particulier les récits de la Passion et de la Résurrection du Christ seront pour ainsi dire mis en scène selon le principe allégorique. Ceux-ci étaient encadrés de deux ou quatre scènes de l'Ancien Testament selon des codes soigneusement élaborés et non sans complexité. Des chefs-d'œuvre en sont nés en arts plastiques, peinture et sculpture, en musique, en théâtre et enluminure de livres.

Le sommeil et le songe des Rois mages évoqués par cette sculpture d'un chapiteau de la cathédrale d'Autun (vers 1120-1140) disent en fait l'interprétation du texte plus que le souci de s'en tenir à sa seule lettre. En effet, chez saint Matthieu, seul Évangile à parler des Mages venus adorer Jésus, il n'est pas question d'ange, ni de réveil pour la découverte de l'étoile. L'imagier a voulu établir des liens précis, personnalisés, à l'intérieur d'événements dont le récit lui paraît insuffisant. Ce souci de combler les vides est assez courant dans la représentation plastique occidentale, qui témoigne dès le haut Moyen Âge d'une véritable activité exégétique et historienne des imagiers ou de leurs inspirateurs.

Une réception limitée

Ainsi, la Bible fut au cœur de la culture de la chrétienté, même si cette culture était avant tout de clercs, d'intellectuels. Car, outre une alphabétisation réduite, l'édition exclusivement manuscrite limitait sa pratique et sa diffusion aux monastères puis aux écoles et universités. L'art pouvait contribuer à la rendre populaire, mais bien souvent dans les étroites limites des tympans, des représentations théâtrales (les «mystères») et de la «Bible des pauvres» qui mettait en placards ou affiches, pour commentaire lors de prédications populaires, quelques scènes d'évangile selon le principe de la lecture allégorique.

Car il ne faut pas se faire illusion : la voie de connaissance par l'image était limitée, soit en raison du caractère inaccessible de certains lieux illustrés ou ornés d'images bibliques, soit en raison d'une insuffisance d'éclairage (cloîtres, chapiteaux, fresques et vitraux trop élevés...).

Quoi qu'il en soit, une fois acclimatée et acceptée dans les diverses cultures où elle s'était implantée depuis l'Antiquité jusqu'à la fin du Moyen Âge, la Bible ne cessa d'être source d'inspiration de la vie

Le chef-d'œuvre du Flamand Dierick Boots, qui peignit ce triptyque de la Cène dans les années 1460, marque une sorte de sommet de la pratique allégorique. Le repas pascal du Christ, qui en fit l'institution de l'Eucharistie, est encadré de quatre «figures» allégoriques correspondant à des épisodes de l'Ancien Testament : l'offrande d'Abraham à Melchisédech (page de gauche, en haut), l'agneau pascal de l'Exode (page de gauche, au centre), la manne dans le désert (ci-contre, en haut) et le pain et l'eau apportés par l'Ange à Élie (ci-contre, au centre). Le peintre a précisé les liens entre la scène principale et les scènes allégoriques en jouant sur des rapports de détails, couleurs et formes des vêtements, similitudes de vaisselles, mais aussi sur des différences significatives. Ainsi, la vaisselle utilisée pour la Cène (ciboire, hostie…) et l'attitude des Apôtres évoquent également le culte eucharistique, ce que confirme le jour à travers les fenêtres évoquant le matin de Pâques et donc la Résurrection, alors que la Cène avait eu lieu à la tombée du jour, le Jeudi saint.

théologique et spirituelle comme de l'art de la chrétienté, qui, en dépit du schisme entre Orient et Occident, paraissait unifiée autour de la même foi et d'une même façon de recevoir et concevoir la Bible, malgré les différences de cultures.

La révolution de l'imprimerie et les crises

Pourtant, au bout de quinze siècles, des crises se sont succédé, bouleversant le fond de cette culture chrétienne si fortement imprégnée de Bible et d'intelligence allégorique. La première crise grave fut indirectement provoquée par ce qui apparut d'abord comme un moyen exceptionnel de promotion, l'imprimerie. En 1455, Gutenberg achevait la première impression de la Bible. L'événement marqua d'abord des esprits qui prenaient conscience des insuffisances et de l'épuisement des lectures allégoriques. Prônant la réforme de l'Église par le recours à la Bible et aux Pères, les Humanistes exigeaient un retour à la lettre, c'est-à-dire aux originaux grecs et hébreux et surtout au sens littéral (l'*historia*) qui était tout uniment sens spirituel. Ce mouvement fut confirmé et amplifié par les Réformateurs avec Luther et bientôt la doctrine protestante de la Sola Scriptura.

Mais dans leur enthousiasme et leurs polémiques, ni les Humanistes ni les Réformés n'avaient prévu la crise de la lecture qui serait engendrée au

La Bible dite de Gutenberg (ci-dessous), terminée sans doute en 1455, si elle marque une date dans l'histoire de l'imprimerie n'est pas un événement pour l'édition même du texte, car l'imprimeur a repris une version existante. Imprimées sur deux colonnes, ses 1465 pages contiennent 3350000 signes. Son tirage supposé est de 160 à 180 exemplaires, et il semble qu'elle se soit assez bien vendue, pas assez néanmoins pour que Gutenberg et son financier, le banquier Fust, retrouvent leur mise de fonds. Mais cette invention d'une Bible imprimée allait faire naître la «critique textuelle» qui vise à établir le meilleur texte à partir des différents manuscrits disponibles.

cours du XVIIe siècle par la vulgarisation de la Bible grâce à l'imprimerie. En effet, celle-ci «arrachait» la Bible à l'Église qui n'apparaissait plus comme le seul révélateur, commentateur et gardien des Écritures. De son côté, le lecteur, qui disposait désormais des textes dans leur totalité, y découvrait une complexité, un caractère composite, des répétitions et contradictions, en bref, comme on disait alors, des «contrariétés». Jamais peut-être, la Bible n'apparut aussi difficilement acceptable qu'aux esprits épris de raison et d'ordre du XVIIe siècle, contre lesquels Pascal s'estima en devoir de batailler.

Une lecture nouvelle, l'exégèse critique

De cette crise, liée aussi à l'avènement de l'esprit scientifique, de la philosophie de Descartes et de la critique historique, allait surgir une nouvelle façon d'aborder la Bible, désignée sous l'expression d'«exégèse critique» ou «historico-critique», qui fut théorisée et officialisée en 1678 avec la parution de l'*Histoire critique du Vieux Testament* de

Ces deux scènes des Évangiles (les noces de Cana et l'aphorisme de la poutre et de la paille) appartiennent au polyptyque de Montbéliard qui en contient plusieurs dizaines. L'œuvre du peintre Füllmaurer (vers 1530) témoigne d'une inspiration luthérienne, de l'enseignement direct du texte évangélique renforcé par l'image comme l'image est renforcée par le texte. Ici est marqué le rejet de toute allégorie, même si le souci moralisateur est fortement affirmé, comme le montre la scène de la poutre dans l'œil!

INRI
ILLVM OPORTET

Grünewald, dans sa *Crucifixion* réalisée pour le panneau central du retable d'Isenheim entre 1512 et 1516 (page de gauche), écarte toute allégorie, mais maintient le lien au texte évangélique par la présence de témoins (le Bien-aimé, Marie et Marie de Magdala) et aux Écritures par Jean-Baptiste. La «relecture» de la *Crucifixion* de Grünewald par Wladimir Velickovic (né en 1935) dans *Grünewald* (1994) (ci-contre, en haut) et *Crucifixion* (1997) est aussi significative par ce qui est retranché que par ce qui est retenu du «modèle». Velickovic «arrache» pour ainsi dire le crucifié au contexte évangélique et le renvoie à une nouvelle crucifixion : sans présence vivante, ni écriture explicative, ni déploration et tombeau. Son crucifié, promis à l'anonymat de la morgue (l'étiquette), n'est assisté que d'un pendu décapité et de l'Aigle noir de Serbie tué comme un vulgaire corbeau. Si Velickovic relie son œuvre désespérée à l'œuvre encore «croyante» et scripturaire de Grünewald malgré l'écrasement de la souffrance et de la mort, c'est en témoin du XXᵉ siècle et de ses crimes, dont la Shoah du Peuple de la Bible.

l'oratorien Richard Simon. En réalité, les questions et enjeux avaient déjà été posés par la *Critica sacra* du protestant Louis Cappel et par le *Traité théologico-politique* du juif Spinoza dans la mouvance directe de la philosophie de Descartes.

S'il y a un certain romantisme de la trouvaille archéologique spectaculaire (ci-dessous, des chercheurs fouillant les soubassements du Temple de Jérusalem où on reconnaît un monolithe taillé, typique de l'époque hérodienne), c'est le plus souvent dans l'humilité du détail peu visible et du recoupement d'informations multiples à partir d'éléments disparates que se font les découvertes les plus fécondes.

Si ces auteurs et leurs disciples devaient se heurter aux autorités juives, catholiques ou protestantes, voire universitaires, ils n'en ouvraient pas moins une voie qui ne se refermerait pas : prendre en compte les langues originelles, le contexte historique, les différences de genres littéraires, traiter d'abord le texte sacré comme n'importe quel texte, lui appliquer les règles de toute analyse et donc lui faire révéler par lui-même sa véritable nature; tous ces éléments constitueraient désormais les moyens nécessaires à la connaissance de la Bible tout en réduisant ses difficultés.

La confrontation avec l'histoire et l'archéologie

Si les Églises furent longtemps réticentes à cette nouvelle lecture, elles finirent par s'en accommoder, sans pour autant toujours intégrer à leur façon de lire l'Écriture les acquis de ces trois siècles de critique. En même temps, cette forme d'exégèse la rendait pour ainsi dire à une lecture profane, dans l'indépendance à l'égard des confessions qui l'avaient fait naître.

L'entrée de la critique dans la lecture de la Bible allait favoriser et rendre nécessaires des rapports à l'archéologie, à l'histoire et aux sciences. Le décryptage des hiéroglyphes égyptiens à partir de 1822 par Champollion, mais surtout du groupe akkadien (cunéiformes) à partir de 1847, puis du sumérien en 1874 relança la confrontation du texte biblique avec les lieux, milieux et contextes de ses origines, soit du point de vue littéraire et religieux, soit du point de vue archéologique. Ainsi Renan, découvrant la Palestine, y lisait un «cinquième évangile» et le Père Lagrange, fondateur de l'École biblique et archéologique française de Jérusalem, pensait y retrouver les traces du Pentateuque.

Mais, au cours du XXe siècle, l'exégèse biblique, comme l'histoire en général, prit ses distances à l'égard d'une conception trop étroite du rapport entre l'archéologie et des textes censés être la relation écrite de ce que le terrain confirmait. Aujourd'hui on mesure mieux la spécificité des

L'étude attentive des documents extraits des chantiers de fouilles, qu'il s'agisse d'objets courants, d'œuvres d'art, d'inscriptions ou de véritables «archives», est à la base du travail d'interprétation et de confrontation avec d'autres documents, à commencer par le texte biblique lui-même. La maîtrise de plusieurs langues, la pratique épigraphique, la connaissance de l'Histoire sont à la base de toute exploitation des données du terrain. Aussi important soit-il, un document découvert est d'abord muet. Et lorsqu'il parle, c'est souvent sans rapport avec ce qu'on connait ou ce qu'on en attendrait. En ce sens, la culture biblique s'est plus enrichie d'éléments dont la Bible ne parlait pas, plutôt qu'elle n'a été véritablement confirmée par les résultats archéologiques tant dans ses âges que dans ses sites (on ne connaît toujours pas le Jéricho. de la Bible, par exemple), dans ses héros comme dans ses événements. Ci-contre, des chercheurs de l'École biblique et archéologique de Jérusalem.

textes selon les lois de l'écriture ancienne, de l'histoire notamment, et l'on prend en compte la particularité des résultats de l'archéologie qui, malgré la localisation, disent tout autre chose.

La confrontation avec les sciences

Plus délicate fut la confrontation de la Bible aux sciences modernes, en particulier celles traitant des origines de l'univers, de la vie et de l'humanité. On connaît les ennuis de Galilée à propos de la rotation de la terre, à quoi l'Inquisition opposait la «science» biblique et l'Incarnation du Christ «exigeant» qu'elle fût fixe! La théorie de l'évolution apporta aussi son lot d'objections qui semblèrent d'abord imparables. Là encore, une meilleure connaissance du texte biblique, la prise en compte de la multiplicité de ses conceptions jusqu'à la contradiction concernant les origines (entre Gn, 1, 1-2, 4a; Gn, 2, 4b-3, 24 et II M, 7...) devaient permettre de mieux appréhender son intentionnalité à la fois cognitive et religieuse en relativisant

Le big bang est-il en contradiction avec le chapitre premier de la Genèse? Même si les rédacteurs des premiers chapitres de la Bible utilisaient les connaissances de leur temps (et pouvaient en changer, comme le montre la confrontation des deux premiers récits de la Genèse), ils entendaient avant tout proposer une intelligence religieuse, théologique de l'univers, fruit de la volonté bonne du Dieu unique qui l'avait remis à l'homme.

les affirmations selon les époques de composition des différents textes.

Enfin, l'utilisation nouvelle de catégories anciennes, telles celles de mythe, conte, légende, appliquées à certains passages (récits d'origine de la Genèse, de l'enfance du Christ, de sa Résurrection...), a compliqué aux yeux de nombreux croyants l'abord de la Bible. Mais l'étude des textes, une intelligence comparatiste, la prise en compte des multiples acceptions du terme (selon l'histoire des religions ou selon les littératures anciennes, selon l'ethnologie et la psychanalyse...) ont réduit les difficultés en respectant la nature et la datation des textes et en évitant l'anachronisme qui constitue l'erreur majeure dans l'application de tels termes à l'expression biblique.

Tandis que *La Création de l'homme* (page suivante) de Chagall illustre les relations entre Ancien et Nouveau Testament, la *Résurrection* vue par Kandinsky (ci-dessus) peut symboliser à la fois la confiance biblique en une autre vie après la mort et l'incertitude quant au mode de la résurrection. «On est semé dans la corruption, on ressuscite dans l'incorruptibilité; on est semé dans l'ignominie, on ressuscite dans la gloire...» (saint Paul, I Co, 15, 42).

Un livre ouvert

En bref, si la Bible est d'abord un texte proposé à tout lecteur, celui-ci aura tout à gagner à d'abord l'étudier pour lui-même, en utilisant certes des instruments qui ont fait leur preuve en d'autres textes, et en évitant l'attribution *a priori* de catégories qui sont souvent plus judiciaires et idéologiques que véritablement critiques et éclairantes.

Bien sûr, la Bible reste dans ses origines, dans sa signification d'ensemble comme dans son utilisation potentielle, une œuvre éminemment religieuse. Pourtant sa nature de bibliothèque d'une culture, d'Israël et du premier christianisme, la variété de ses genres littéraires, les témoignages historiques qu'elle recèle contribuent aussi à en faire une œuvre «profane», abordable par tous et présentant un intérêt universel sans distinction de croyances et d'adhésions. En ce sens, elle demeure une source d'inspiration aussi bien littéraire et poétique que proprement religieuse et spirituelle.

TÉMOIGNAGES ET DOCUMENTS

La Bible et l'archéologie

Deux textes modernes (dont l'un du fondateur en 1893 de l'École biblique et archéologique française de Jérusalem, le père Lagrange, dominicain) disent les liens et les distances qu'entretiennent exégèse et archéologie, deux aventures dont les points de rencontre restent limités dans le cadre de règles strictes.

La Terre et l'Écrit

La beauté du Sinaï – désert aride, oasis, grès colorés, granit rose, majesté de la montagne de Dieu – je l'ai goûtée dans une lumière céleste, je ne saurais la décrire. Qu'on lise *Le Désert* du prestigieux Loti, qui nous suivit de près et échoua comme nous dans son dessein de voir Pétra. Mais ce que je cherchais surtout, c'était la trace des Israélites, la confirmation du Pentateuque. Dans mon esprit, il se fit comme un discernement dans une question complexe, et il me sembla que le sol lui-même avait son mot à dire à propos de la critique littéraire du Pentateuque. La réalité substantielle des faits relatés dans les quatre derniers livres me parut en parfaite harmonie avec la nature du pays, ses aspects, ses cultures, ses traditions. La tentative hardie de certains critiques de déplacer le Sinaï pour le placer en Madian ou à Cadès me parut une fantaisie. Moïse se dressait à l'horizon de chaque vallée, et surtout au sommet de l'Horeb. Je n'ai jamais douté qu'il ait formé là et ensuite à Cadès le peuple de Dieu, avec une loi morale révélée.

Mais d'autre part, le Pentateuque, tel que nous le possédons, est-il le récit historique de ces faits selon toutes ses manières de dire? Comment faire circuler, non pas dans un désert sans limites et plat comme une feuille de papier, mais dans ces vallées abruptes et sans eau, les millions d'âmes dont parle le texte actuel? Et si l'on allègue des fautes de copistes, comment expliquer l'ordre solennel des tribus rangées comme pour une parade (Nb. 2, etc.)? Le R. P. Julien, S. J., voyageur attentif, m'avoua qu'il avait été frappé de ces difficultés jusqu'à l'angoisse. Ne fallait-il pas conclure que des faits parfaitement historiques avaient été comme idéalisés pour devenir le symbole du peuple de Dieu, de la future Église de Dieu?

Le Père Lagrange au service de la Bible, Souvenirs personnels [1926], Le Cerf, 1967

Bible et archéologie

L'intérêt passionné pour l'archéologie en Palestine fut longtemps lié à une motivation puissante : la nécessité de prouver l'historicité de la Bible. En effet, l'éclosion de nombreuses sociétés savantes en Palestine coïncide avec une époque où la Bible est soupçonnée de n'avoir que peu de valeur historique,

Le père Lagrange en Terre sainte en 1890.

d'où une réaction de la part des milieux qui sont attachés à ces écrits pour en défendre la vérité. L'archéologie semblait alors le moyen le plus sûr pour faire triompher cette vérité. C'est dans ce contexte qu'on s'est mis à parler d'archéologie biblique. Expression ambiguë que l'on devrait abandonner si l'on distingue correctement la nature de l'archéologie et celle de la Bible. Les découvertes de ces trente dernières années montrent que leur confrontation n'a rien d'évident, et soulève parfois de nouveaux problèmes.

L'archéologie est avant tout l'étude des vestiges matériels des sociétés passées : elle s'exerce sur une terre dont l'histoire n'est pas limitée à la période biblique. [...]

La Bible, pour sa part, est une collection de textes de natures et d'époques variées : livre religieux, elle n'est pas d'abord un livre d'histoire, même si elle contient des données historiques. Chacun de ses textes devrait donc faire l'objet d'une critique à la fois littéraire et historique avant que l'on puisse opérer une confrontation avec les données de l'archéologie. [...]

Il y a un bon usage de l'archéologie lorsqu'on utilise ses données pour préciser l'occupation humaine dans une région, pour appuyer la localisation d'une ville mentionnée dans la Bible, pour indiquer l'état des techniques ou des échanges commerciaux à une époque donnée, ou encore pour décrire l'habitat.

Ces données ne recoupent que rarement les indications des textes bibliques, car ceux-ci n'abordent pas, tant s'en faut, tous les aspects de la vie des habitants du pays de Canaan entre 1200 av. J.-C. et le début de notre ère. [...]

S'il existe un bon usage de l'archéologie, il faut affirmer le danger que représente un mauvais usage de cette discipline. Mauvais usage patent, lorsqu'on l'utilise pour montrer que «la Bible a dit vrai». [...] L'archéologie ne peut prouver quoi que ce soit en matière de vérité de la Bible, car celle-ci se situe sur un autre plan, celui d'une révélation de Dieu aux hommes. [...]

En conclusion, nous plaidons pour que l'on respecte l'autonomie de la démarche archéologique, ainsi que celle de l'intelligence des Écritures. La rencontre entre archéologie et Bible est possible, mais elle doit obéir à des règles pour ne pas tomber dans la confusion ou le concordisme.

Jacques Briend,
Le Monde de la Bible,
textes présentés par André Lemaire,
Gallimard, 1998

L'allégorie au service de la Bible

Issue de la Grèce, pratiquée dans le judaïsme, l'allégorie permet d'accéder au sens vrai par-delà le sens premier ou littéral. Dès le Ier siècle, le christianisme la met au service de la compréhension du texte biblique. Tout en évoluant et en s'adaptant, l'allégorie dominera l'interprétation des Écritures jusqu'au XVe siècle.

L'allégorie des deux femmes selon saint Paul

Dans le christianisme, saint Paul est le premier qui pratique explicitement l'allégorie en proposant son interprétation du rapport entre Sara, la femme d'Abraham, et la servante de celui-ci, Agar.

22 Il est écrit, en effet, qu'Abraham eut deux fils, un de la servante, un de la femme libre; 23 mais le fils de la servante était né selon la chair, tandis que le fils de la femme libre l'était par l'effet de la promesse. 24 Il y a là une allégorie : ces femmes sont, en effet, les deux alliances. L'une, celle qui vient du mont Sinaï, engendre pour la servitude : c'est Agar 25 (car le mont Sinaï est en Arabie). Et Agar correspond à la Jérusalem actuelle puisqu'elle est esclave avec ses enfants. 26 Mais la Jérusalem d'en haut est libre, et c'est elle notre mère : 27 car il est écrit :

Réjouis-toi, stérile, toi qui n'enfantais pas,
éclate en cris de joie, toi qui n'as pas connu les douleurs;
car plus nombreux sont les enfants de la délaissée
que les enfants de celle qui a un époux.

28 Et vous, frères, comme Isaac vous êtes enfants de la promesse. 29 Mais, de même que celui qui était né selon la chair persécutait alors celui qui était né selon l'Esprit, ainsi en est-il encore maintenant. 30 Eh bien! que dit l'Écriture? Chasse la servante et son fils, car il ne faut pas que le fils de la servante hérite avec le fils de la femme libre. 31 Ainsi donc, frères, nous ne sommes pas les enfants d'une esclave, mais ceux de la femme libre.

Saint Paul,
Épîtres aux Galates, IV, 22-31,
TOB, Livre de poche, 1996

Allégorie païenne et allégorie chrétienne

Ce n'est pas sans difficulté que «les Écritures» avaient pénétré le monde païen. Au IIIe siècle, Origène répond à la polémique de Celse qui critique les Écritures juives et chrétiennes.

48. Ensuite, livré pour ainsi dire uniquement à sa haine et à son animosité contre la doctrine des Juifs et des chrétiens, [Celse] dit : «Les plus raisonnables des Juifs et des chrétiens allégorisent tout cela.» Il ajoute :

«La honte qu'ils en ont leur fait chercher refuge dans l'allégorie.» On pourrait lui dire : s'il faut appeler honteuses dans leur acception première les doctrines des mythes et des fictions écrits avec une signification figurée ou de toute autre manière, à quelles histoires cette qualification s'impose-t-elle sinon aux histoires grecques? Là, les dieux fils émasculent les dieux pères; les dieux pères dévorent les dieux fils; la déesse mère, à la place d'un fils, livre à celui qui est père «des dieux et des hommes», une pierre; un père s'unit à sa fille; une femme enchaîne son mari, prenant comme complices pour le mettre aux fers le frère et la fille de celui qu'elle enchaîne. Mais pourquoi devrais-je énumérer les histoires absurdes des Grecs sur leurs dieux, manifestement honteuses même allégorisées? [...]

49. Une lecture loyale de l'Écriture eût empêché Celse de dire que nos livres ne sont pas susceptibles d'allégorie. En effet, c'est en partant des prophéties où sont relatés les faits historiques et non à partir de l'histoire, qu'on peut se convaincre que même les faits historiques ont été relatés en vue d'une interprétation allégorique et très sagement adaptés aux besoins de la foule à la foi simple, et de l'élite qui veut et peut examiner les questions avec intelligence. Si ceux qui, d'après Celse, passent aujourd'hui pour des Juifs et des chrétiens raisonnables étaient les seuls à allégoriser les Écritures, on pourrait supposer que Celse a dit une chose plausible. Mais puisque les auteurs de nos doctrines et les écrivains ont recours eux-mêmes à ces interprétations allégoriques, qu'y a-t-il à supposer sinon qu'ils ont écrit de manière que ces faits soient interprétés allégoriquement suivant leur intention principale. [...]

50. [...] J'ai quelque peu développé l'argument dans le dessein de montrer que Celse ne pouvait avoir raison de dire : «Les plus raisonnables des Juifs et des chrétiens tentent d'en donner une interprétation allégorique; mais il en est qui ne peuvent admettre l'allégorie et sont manifestement des fables de la plus sotte espèce.» Combien plus, en effet, les histoires des Grecs sont-elles des fables de l'espèce non seulement la plus sotte, mais encore la plus impie! Car les nôtres ont en vue aussi la foule des simples, ce qu'ont négligé de faire les auteurs des fictions grecques. Aussi n'est-ce point par simple mauvais vouloir que Platon expulse de sa République les mythes et les poèmes de cette espèce.

Origène,
Contre Celse, Livre IV,
De l'interprétation allégorique,
Traduction de M. Boret,
Le Cerf, 1968

Lecture allégorique des interdits alimentaires

*L'allégorie permet à l'*Épître de Barnabé *(v. 150), un des plus anciens textes chrétiens (mais non l'un des meilleurs), de se distinguer du judaïsme dans sa lecture des Écritures.*

1. Si Moïse a dit : «Vous ne mangerez ni porc, ni aigle, ni épervier, ni corbeau, ni d'aucun poisson ne portant pas d'écailles» [Lv 11, 7. 10. 13. 15; Dt 14, 8. 10. 12], c'est qu'il avait reçu l'intelligence d'un triple enseignement. *2a.* Enfin, il leur dit dans le Deutéronome : «J'exposerai à ce peuple mes volontés.» [Dt 4, 1.5]. *2b.* Ne pas manger n'est donc pas un commandement de Dieu; bien plutôt Moïse a-t-il usé d'un langage spirituel.

3a. Voici le sens de ce qu'il dit du «porc» : *3b.* Tu ne t'attacheras pas, veut-il dire, à ces hommes qui ressemblent aux porcs en ceci que dans les délices de l'abondance ils oublient le Seigneur, mais dans le besoin ils s'en souviennent bien. *3c.* Ainsi le porc : tant qu'il mange, il ne connaît pas son maître, mais dès qu'il a faim, il grogne pour se taire à nouveau aussitôt satisfait. *4a.* «Tu ne mangeras pas non plus, dit-il, d'aigle ni d'épervier, ni de milan, ni de corbeau.» *4b.* C'est-à-dire : Tu ne t'attacheras pas, en les imitant, à ces hommes qui ne savent pas gagner leur nourriture par le travail et la sueur, mais qui dans leur impiété s'emparent du bien d'autrui. Tout en se promenant d'un air innocent, ils sont aux aguets, à l'affût d'une proie que leur cupidité va dépouiller. *4c.* Ainsi, seuls parmi les oiseaux, ces rapaces ne gagnent pas eux-mêmes leur nourriture, mais se postent, oisifs, en cherchant l'occasion de se nourrir de la chair des autres, véritables fléaux dans leur cruauté. *5a.* «Et tu ne mangeras, dit-il, ni murène, ni pieuvre, ni seiche.» *5b.* C'est-à-dire : Tu n'imiteras pas, en t'attachant à eux, ces hommes qui sont fondamentalement impies et déjà condamnés à mort. *5c.* Ainsi ces poissons : seuls à être maudits, ils nagent dans les profondeurs sans remonter comme les autres et demeurent en bas sur le fond de l'abîme.

Épître de Barnabé,
Traduction de P. Prigent,
Le Cerf, 1971

Deux maîtres en lecture des Écritures : saint Augustin et Grégoire le Grand

Dans la tradition latine du christianisme, saint Augustin (354-430) et saint Grégoire le Grand (540-604) présentent chacun un essai de théorie des différents sens des Écritures. Pour saint Augustin, le premier abord de l'Écriture fut plutôt déroutant.

Cela me fit décider d'appliquer mon esprit aux saintes Écritures, et de voir ce qu'elles étaient. Et voici ce que je vois : une réalité qui ne se révèle pas aux superbes et ne se dévoile pas aux enfants, mais qui, humble à l'entrée, paraît, après l'entrée, sublime et enveloppée de mystères. Et moi je n'étais pas en état de pénétrer en elle, ou d'incliner la nuque pour progresser avec elle. Car, ce que j'en dis maintenant, je ne l'ai pas senti alors, quand je me suis appliqué à ces Écritures, mais elles m'ont paru indignes d'entrer en comparaison avec la dignité cicéronienne. C'est que mon enflure refusait leur modestie, et la pointe de mon esprit n'en pénétrait pas l'intérieur. Pourtant, elles étaient faites pour grandir avec les petits; mais moi dédaigneusement je refusais d'être petit, et, gonflé de morgue, je me voyais grand.

Saint Augustin,
Confessions,
Traduction de E. Tréhorel
et G. Bouisson,
Desclée de Brouwer, 1962

Saint Augustin montre qu'il existe un sens littéral et un sens allégorique.

Dans ces livres en effet, le récit ne relève pas de ce genre littéraire où les choses sont dites en figures, comme dans le Cantiques des cantiques, mais relate de bout en bout des faits qui se sont réellement passés, comme dans les Livres des Rois et autres livres historiques. Mais ces livres parlent de choses qui sont du domaine de la vie courante : aussi les entend-on sans peine, voire de prime abord, en un sens littéral, quitte à dégager ensuite comment ces faits réels sont également figure de l'avenir. La Genèse au contraire relate des faits insolites pour ceux qui observent le cours ordinaire de la nature. Aussi ne veut-on pas les entendre au sens propre, mais seulement au sens figuré; on veut que l'histoire, c'est-à-dire la relation des faits proprement dits, ne commence qu'à partir du moment où Adam et Ève, chassés du paradis, s'unirent et eurent des enfants. Comme si c'était pour nous chose courante que les hommes aient vécu tant d'années, qu'Énoch ait été transporté de cette terre en d'autres lieux, qu'une femme vieille et stérile ait enfanté et autres merveilles de ce genre!

Saint Augustin,
Œuvres,
Traduction de P. Agaësse et A. Solignac,
Desclée de Brouwer, 1972

Grégoire le Grand propose divers sens à l'épisode du Buisson ardent.

Lisant une même phrase de l'Ecriture, l'un trouve son aliment dans le fait qu'elle raconte; un autre en recherche le sens typique; un autre, à travers le type, le sens anagogique. Il arrive généralement, comme il a été dit, qu'on peut trouver les trois dans la même phrase. Quand il entendit l'appel venu du buisson ardent, Moïse s'approcha pour voir la vision; et voici que le buisson brûlait et ne se consumait pas! Grande merveille! Si le lecteur ne s'intéresse qu'au fait historique, il trouve de quoi nourrir son âme à voir ce feu qui brûlait dans le bois sans le consumer. S'il cherche le sens typique, la flamme ne signifie-t-elle pas la Loi, dont il est écrit : «Dans sa main droite, une loi de feu»? Et le buisson, n'a-t-il pas désigné le peuple juif, foisonnant des épines du péché? Or le buisson ardent n'a pu être consumé, parce que le peuple juif a bien reçu le feu de la Loi, mais sans se débarrasser des épines de ses péchés, ni brûler ses vices à la flamme de la parole divine. Peut-être un autre désire-t-il contempler dans cette scène, à travers le type, de plus grandes réalités? Comme son intelligence grandit en s'élevant, les roues s'élèvent également. Eh bien! Le Fils unique de Dieu s'est fait homme parfait parmi les hommes : sans avoir, lui, de péchés, il a pris sur lui les épines de notre malice et daigné s'humilier pour nous jusqu'à souffrir et accepter en lui-même le feu de nos tourments. Or il a brûlé, sans brûler. Il est mort du fait de son abaissement, et il est resté cependant immortel du fait de sa divinité. Il a reçu de nous de quoi se faire sacrifice pour nous, et il est resté impassible et inchangé en ce qui lui était propre, pour faire que nous changions en laissant ce qui nous était propre.

Grégoire le Grand,
Homélies sur Ézéchiel, t. I,
Traduction de C. Morel,
Le Cerf, 1986

Les quatre sens

Le Moyen Âge pratiquera et adaptera sans cesse sa lecture de l'Écriture, qui lui fera établir la «théorie des quatre sens», condensée dans le distique d'Augustin de Dacie (mort en 1282).

Littera gesta docet, quid credas allegoria,
Moralis quid agas, quo tendas anagogia.

La lettre enseigne les faits, l'allégorie ce que tu as à croire,
Le (sens) moral ce que tu as à faire,
l'anagogie ce à quoi tu dois tendre.

Crises, critique et solutions

Le XVᵉ siècle marque une crise des lectures de la Bible proposées par les Pères de l'Église et les auteurs médiévaux. L'allégorie et la «théorie des quatre sens» sont remis en cause. Le XVIᵉ siècle croit à la «divine clarté» de la Bible, que l'imprimerie devait largement la diffuser. Mais au XVIIᵉ siècle, après les guerres de Religion et par-delà les polémiques entre catholiques et protestants, le lecteur cultivé dans la mouvance de la philosophie de Descartes et du mouvement «libertin» découvre les «contrariétés» et le «manque d'ordre» du texte biblique. L'exégèse critique, née dans la seconde moitié du XVIIᵉ siècle, finira par avoir droit de cité malgré les résistances et réticences des autorités religieuses, notamment dans l'Église catholique. En 1943, par l'encyclique «Divino Afflante Spiritu», *Pie XII confirme la légitimité et la nécessité de cette forme d'étude du texte biblique.*

Relativisation et critique des quatre sens

Dès la fin du XVᵉ siècle et pendant les premières décennies du XVIᵉ, les humanistes prônent le respect du sens littéral des Écritures, qui, pour Lefèvre ou Érasme, est aussi bien sens spirituel, christique ou mystique, renforçant l'autorité de l'Écriture.

Ce n'est pas qu'il faille chercher partout ces quatre sens; mais dans les passages qui ne demandent que le seul sens littéral, cherchons le sens littéral; cherchons l'allégorie dans ceux qui sont allégoriques, la tropologie dans ceux qui ont rapport aux mœurs; enfin, dans ceux qui demandent une intelligence divine et transcendante, cherchons l'anagogie et une élévation divine.

Jacques Lefèvre d'Étaples,
cité par H. de Lubac,
Exégèse médiévale,
Les Quatre Sens de l'Écriture,
t. IV, Desclée de Brouwer, 1993

«De la divine clarté des Écritures» : Luther

Luther, qui critique de façon virulente la pratique de l'allégorie ne peut, doctrinalement, que défendre la divine clarté de l'Ecriture face à Érasme qui pressent les difficultés que le lecteur, même éclairé par la foi, ne manquera pas de rencontrer.

Lorsqu'on sait que toutes les choses contenues dans l'Écriture sont placées en pleine lumière. il est insensé et impie de prétendre qu'elles sont obscures, à cause de quelques mots difficiles à comprendre. Si dans tel passage les mots sont obscurs, dans tel autre ils sont clairs. Mais c'est toujours une seule et même chose qui, annoncée publiquement au monde de la façon la plus évidente, est tantôt exprimée par des mots clairs, tantôt cachée derrière des mots obscurs. Peu importe, lorsqu'une chose est en pleine lumière, que l'un de ses signes se trouve dans les ténèbres, alors que beaucoup d'autres signes sont dans la lumière. Qui serait assez sot pour dire qu'une fontaine publique n'est pas dans la lumière, parce que ceux qui habitent dans une ruelle latérale ne la voient pas, alors que tous ceux qui sont sur la place publique la voient? [...]

Tu répondras : «Tout cela m'importe peu; je ne dis pas que les Écritures soient partout obscures (car qui serait assez insensé pour le prétendre?), mais qu'elles le sont sur cet article du libre arbitre et sur d'autres articles analogues.» À quoi je réplique : «je ne parle pas contre toi seul, mais contre tous ceux qui partagent ton opinion. Et j'affirme contre toi – parlant de l'Écriture tout entière – qu'il n'y a pas une seule partie de l'Écriture qui soit obscure. Car je m'en tiens à cette déclaration de Pierre déjà citée (2 P 1, 19) : la Parole de Dieu est pour nous une lumière qui brille dans un lieu obscur. Si une partie de cette lumière n'éclairait pas, ce serait bien plutôt une partie des ténèbres que de la lumière. Christ ne nous a pas éclairés de telle sorte qu'il reste dans sa parole quelque chose d'obscur, puisqu'il nous ordonne de l'écouter avec attention; un tel ordre n'aurait pas de sens, si cette parole n'éclairait pas.»

Luther, *Du serf arbitre*, 1525, *Œuvres*, t. V., Labor et Fides, Genève, 1958

«Rien n'est si mal écrit que la Bible»

Ce texte extrait d'un ouvrage écrit au tournant des XVIIe et XVIIIe siècles est un exemple significatif du rejet de la Bible au nom de la raison et de la science. Typique d'une certaine perte du sens symbolique et poétique du XVIIIe siècle, ce genre de réaction apparaît dans la première moitié du XVIIe siècle et se retrouvera jusqu'au milieu du XXe siècle.

Article second. Si ces livres contiennent l'histoire de la création du monde et du déluge. [...]
[À propos du Déluge]

1°. Rien n'est si mal écrit que la Bible. Il y a mille répétitions inutiles, et des contrariétés; c'est un cours de galimatias dont il est presque impossible de faire un extrait qui contienne distinctement les faits en question.

2°. Où peut s'être retirée la prodigieuse quantité d'eau nécessaire à couvrir le globe de la terre près de deux lieues de haut dans certains endroits, et peut-être plus, y ayant des montagnes qui ont plus que cette hauteur perpendiculaire? Il y faudrait au moins trois fois plus d'eau qu'il y en a dans toute la mer. Moïse devait dire que Dieu éleva le fond des mers, en sorte que l'eau s'en répandit sur tout le globe de la terre, mais il n'y a certainement pas assez d'eau pour faire la hauteur nécessaire à passer de quatorze coudées le sommet des plus hautes montagnes. Cela aurait eu quelque espèce de sens, mais toute simple que soit cette invention, elle passait la portée de Moïse, qui n'avait aucune idée de la cosmographie. Un écolier sortant du collège en aurait bien appris à cet homme qui avait des tête-à-tête avec Dieu. Il fallait, pour donner une exacte vraisemblance à son histoire, dire que Dieu changea l'air en eau jusqu'à une certaine hauteur, soit tout d'un coup, soit en quelques jours, et qu'ensuite il réunit [sic] cette eau en air. Mais, suivant toutes les apparences, Moïse était un ignorant qui se trouva en état d'en imposer à des stupides, par la règle qu'au royaume des aveugles, un borgne est un roi.

3°. La rare invention que ce bateau pour conserver la race de tous les animaux! Il faut avoir l'esprit grossier ou n'avoir affaire qu'à des esprits bien grossiers, pour étaler de pareilles rêveries. Où était la difficulté que Dieu conservât les animaux sous les eaux, ou qu'il en ranimât les cadavres noyés, ou même qu'il en recréât d'autres? Il paraît même que le miracle aurait moins coûté que de les rassembler des extrémités de la terre, en traversant les mers.

4°. Les fondements de ce beau vaisseau devaient être pourris devant que le premier pont fût fait, puisque on employa cent ans à sa fabrique entière. On ne s'est jamais servi d'un vaisseau qui ait été seulement dix ans sur les chantiers.

5°. Qu'avaient fait ces animaux terrestres pour encourir cette peine d'une destruction totale? Et que n'avaient pas fait les poissons pour en être exempts?

6°. Comment cent mille espèces de petites bêtes sont-elles venues de l'Amérique et des îles où elles sont particulières? Comment y ont-elles repassé? Il ne servira à rien de dire que l'Amérique touche par le nord à notre continent, car quand cela serait vrai, les animaux des pays chauds ne peuvent souffrir le froid de la zone glaciale. Les sapajous ne sauraient seulement passer un hiver en France; d'ailleurs, ils n'y trouveraient pas leur nourriture.

R. Challe,
Difficultés sur la religion proposées au père Malebranche,
The Voltaire Foundation, 1982

«Contre l'objection que l'Écriture n'a pas d'ordre»

Pascal cherche avant tout à réduire les objections des libertins (au sens du XVIIe siècle, qui en fait des libres-penseurs ou des rationalistes) sur l'esthétique et le sens de la Bible.

Le cœur a son ordre, l'esprit a le sien qui est par principe et démonstration. Le cœur en a un autre. On ne prouve pas qu'on doit être aimé en exposant d'ordre les causes de l'amour; cela serait ridicule. – J.-C., saint Paul ont l'ordre de la charité, non de l'esprit, car ils voulaient rabaisser, non instruire. – Saint Augustin de même. Cet ordre consiste principalement à la digression sur chaque point qui a rapport à la foi, pour la montrer toujours. [...]

Tout tourne en bien pour les élus. – Jusqu'aux obscurités de l'Écriture, car ils les honorent à cause des clartés divines, et tout tourne en mal pour les autres jusqu'aux clartés, car ils les blasphèment à cause des obscurités qu'ils n'entendent pas.

Pascal, *Pensées*,
298, 566 (Laf.)

Au fondement de l'exégèse critique : Spinoza et Richard Simon

Même s'ils ne furent pas les seuls inspirateurs de l'exégèse critique, Spinoza et Richard Simon n'en posèrent pas moins, entre 1670 et 1678, les principes fondamentaux.

C'est pourquoi je décidai sérieusement d'examiner à nouveau l'Écriture d'une âme pure et libre, de n'en rien affirmer et de n'en rien admettre comme constituant sa doctrine qui ne soit clairement énoncé par elle. Avec cette précaution, j'ai formé une méthode pour interpréter les Livres saints, et, instruit par elle, j'ai commencé par rechercher en premier lieu les points suivants :
– qu'est-ce qu'une prophétie?
– de quelle façon Dieu s'est-il révélé aux prophètes?
– pourquoi ceux-ci ont-ils été choisis par Dieu ? Est-ce parce qu'ils ont eu des pensées sublimes sur Dieu et la nature? ou est-ce plutôt à cause de leur seule piété? [...]

La règle générale d'interprétation de l'Écriture est donc de ne rien lui attribuer à titre d'enseignement que nous ne l'ayons très clairement reconnu à partir de son histoire. Ce que doit être son histoire et ce qu'elle doit essentiellement raconter, il nous faut le dire maintenant. [...]

Enfin cette enquête doit exposer, pour tous les livres de prophètes, les circonstances dont le souvenir nous a été transmis : la vie, les mœurs et les préoccupations de l'auteur de chaque livre; ce qu'il a été, à quelle occasion, en quel temps, pour qui, et dans quelle langue enfin il a écrit. Il faut ensuite étudier la fortune de chaque livre : comment il a d'abord été reçu, entre quelles mains il est tombé, quelles furent ses différentes variantes, et sur l'avis de qui on le reçut parmi les livres sacrés; enfin comment tous ces livres, qu'il faut tous tenir pour sacrés, ont été réunis en un corps. L'enquête sur l'Écriture, dis-je, doit comporter tout cela.

Spinoza, *Œuvres*,
Tractatus theologico-politicus,
Traduction de J. Lagrée et P. F. Moreau,
PUF, 1999

Premièrement il est impossible d'entendre parfaitement les Livres Sacrés, à moins qu'on ne sache auparavant les différents états où le texte de ces Livres s'est trouvé selon les différents temps et les différents lieux, et si l'on n'est instruit exactement de tous les changements qui lui sont survenus. [...]

On remarquera donc en second lieu, que n'ayant considéré dans cet ouvrage, que l'utilité de ceux qui veulent savoir à fond l'Écriture Sainte, j'ai inséré quantité de principes très utiles pour résoudre les plus grandes difficultés de la Bible, et pour satisfaire en même temps aux objections qu'on a accoutumé de faire contre l'autorité des Livres Sacrés. Par exemple, en établissant dans la République des Hébreux les Prophètes, ou Écrivains publics, qui prenaient le soin de recueillir fidèlement les Actes de ce qui se passait de plus important dans leur État, il est inutile de rechercher avec trop de curiosité, comme on fait ordinairement, qui ont été les Auteurs de chaque Livre de la Bible en particulier, parce qu'il est constant qu'ils ont tous été écrits par ces prophètes, dont la République des Hébreux n'a jamais manqué pendant tout le temps qu'elle a subsisté. [...]

En troisième lieu, le principe que j'ai établi dans cet ouvrage, touchant la manière dont on avait fait le recueil des Livres Sacrés qui nous restent, en ne donnant qu'un simple abrégé des Actes qui se conservaient entiers dans les Archives de la République; ce principe, dis-je, est d'une grande utilité pour résoudre une infinité de questions très difficiles qu'on a accoutumé de faire touchant la chronologie et les généalogies. Car s'il est constant que ces Livres ne font que des abrégés d'autres actes plus étendus; et qu'on n'a donné au peuple que ce qu'on a jugé nécessaire de publier pour son instruction, on ne peut pas assurer que toutes les généalogies qui sont rapportées dans cet abrégé, soient immédiates. C'est pourquoi on conciliera aisément par ce moyen plusieurs contradictions apparentes qui semblent être dans ces mêmes généalogies, lors qu'elles sont marquées en différents endroits de l'Écriture. On ne pourra pas de plus appuyer sur l'autorité de ces mêmes Livres, une chronologie certaine et infaillible, parce que les choses n'y sont pas toujours rapportées selon les temps auxquels elles sont arrivées; mais on s'est contenté assez souvent, de joindre ensemble plusieurs actes en les abrégeant, et en renvoyant à ces mêmes actes ou mémoires qui étaient conservés plus au long dans les archives, qu'on pouvait consulter en ces temps-là. [...]

Les commentaires des nouveaux interprètes doivent être préférés en beaucoup d'endroits à ceux des anciens; et nous devons plutôt chercher la Religion dans les interprétations des Pères, que des explications littérales du texte de la Bible. Il y en a peu qui se soient appliqués à cette sorte d'étude, et il n'y a eu même parmi les Latins que saint Jérôme, qui ait été capable de le faire. C'est pourquoi, dans le dessein que j'ai eu de remarquer tout ce que j'ai cru nécessaire pour bien entendre l'Écriture, il a été à propos de consulter les Commentaires des Juifs, aussi bien que ceux des Docteurs Catholiques, afin que tout le monde fût instruit de la méthode qu'on a gardée jusqu'à présent tant dans la Synagogue, que dans l'Église, pour l'explication des Livres Sacrés. J'ai même joint aux derniers les auteurs protestants et sociniens, afin qu'on puisse profiter de leurs nouvelles découvertes dans ce genre d'étude; de la même manière que les Pères ont autrefois consulté les anciennes Versions grecques de la Bible qui avaient été faites par les plus grands ennemis de l'Église.

Richard Simon,
Préface à
Histoire critique du Vieux Testament,
Rotterdam, 1685

«L'apparence d'un air fabuleux»

*Bossuet, qui fut le pourfendeur de l'exégèse critique à sa naissance et obtint de Louis XIV la destruction de la première édition (1678) de l'*Histoire critique du Vieux Testament *de Richard Simon, n'en témoigne pas moins des difficultés, pour une conscience moderne, d'accepter la «faiblesse» et la «grossièreté» du chapitre 3 de la Genèse.*

« Le serpent était le plus fin de tous les animaux.» [Gn 3, 1] Voici dans la faiblesse apparente d'un commencement si étrange du récit de nos malheurs, la profondeur admirable de la théologie chrétienne. Tout paraît faible; osons le dire, tout a ici en apparence un air fabuleux : un serpent parle, une femme écoute; un homme si parfait et très éclairé se laisse entraîner à une tentation grossière; tout le genre humain tombe avec lui dans le péché et

«Un serpent parle, une femme écoute; un homme si parfait et très éclairé se laisse entraîner à une tentation grossière.»

dans la mort : tout cela paraît insensé. Mais c'est ici que commence la vérité de cette sublime sentence de saint Paul : «Ce qui est en Dieu une folie» apparente «est plus sage que la sagesse des hommes; et ce qui est en Dieu une faiblesse apparente est plus fort que la force de tous les hommes.» [I Co 1, 25] [...]

Jusqu'ici il ne paraît rien que d'excellent dans la nature de l'homme, à qui tous les animaux paraissaient soumis et même ceux qui à présent nous font naturellement le plus d'horreur. Jésus-Christ a rétabli cet empire d'une manière plus haute, lorsqu'il a dit, racontant les prodiges que fera la foi dans ceux qui croient : «Ils dompteront les serpents, et les poisons qu'ils boiront ne leur nuiront pas.» [Mc 16, 17] Ce miracle s'accomplira en nous d'une façon admirable, si parmi tant d'erreurs, tant de tentations, tant d'illusions, et, pour ainsi dire, dans un air si corrompu, nous savons, avec la grâce de Dieu, conserver notre cœur pur, notre bouche simple et sincère, nos mains innocentes.

Bossuet, *Élévations sur les mystères*, 1re élévation, «Le Serpent», Vrin, 1962

Au XXe siècle : Rejet et reconnaissance de l'exégèse critique

Les extraits de deux encycliques – l'une de Pie X en 1907, l'autre de Pie XII en 1943 – montrent bien ce que provoqua dans le monde des croyants, en l'occurrence catholique (mais il y eut des réactions dans les milieux protestant et juif), l'émergence d'une forme d'exégèse destinée pourtant à résoudre les problèmes de la lecture de la Bible.

Dans l'encyclique de Pie X «Pascendi», *la stigmatisation du «modernisme» et des «modernistes» confond et condamne dans une même terminologie polémique des pratiques intellectuelles et des courants de pensée très différents.*

Ils [les modernistes] n'hésitent pas à affirmer couramment que les livres en question, surtout le Pentateuque et les trois premiers Évangiles, se sont formés lentement d'adjonctions faites à une narration primitive fort brève : interpolations par manière d'interprétations théologiques ou allégoriques, ou simplement transitions et sutures.

C'est que, pour dire la chose d'un mot, il y a à reconnaître dans les Livres Sacrés une *évolution vitale*, parallèle et même conséquente à l'évolution de la foi.

Aussi bien, ajoutent-ils, les traces de cette évolution y sont si visibles qu'on en pourrait quasiment écrire l'histoire.

Ils l'écrivent, cette histoire, et si imperturbablement que vous diriez qu'ils ont vu de leurs yeux les écrivains à l'œuvre, alors que, le long des âges, ils travaillaient à amplifier les Livres Saints.

45. La critique *textuelle* vient à la rescousse : pour confirmer cette histoire du texte sacré, ils s'évertuent à montrer que tel fait, que telle parole n'y est point à sa place, ajoutant d'autres critiques du même acabit. Vous croiriez, en vérité, qu'ils se sont construit certains types de narrations et de discours sur lesquels ils jugent ce qui est ou ce qui n'est pas déplacé. Et combien ils sont aptes à ce genre de critique! À les entendre vous parler de leurs travaux sur les Livres Sacrés, grâce auxquels ils ont pu découvrir en ceux-ci tant de choses défectueuses, il semblerait vraiment que nul homme avant eux ne les a feuilletés, qu'il n'y a pas eu à les fouiller en tous sens une multitude de docteurs infiniment supérieurs à eux en génie, en érudition, en sainteté; lesquels docteurs, bien loin d'y trouver à redire, redoublaient au contraire, à mesure qu'ils les scrutaient plus profondément, d'actions de grâce à la bonté divine, qui avait daigné de la sorte parler aux hommes. C'est que, malheureusement, ils n'avaient pas les mêmes auxiliaires d'études que les modernistes, savoir, comme guide et règle, une philosophie venue de l'agnosticisme, et comme critérium eux-mêmes. Il Nous semble avoir exposé assez clairement la méthode historique des modernistes. Le philosophe ouvre la marche; suit l'historien; puis, par ordre, la critique interne et la critique textuelle. Et comme le propre de la cause première est de laisser sa vertu dans tout ce qui suit, il est de toute évidence que nous ne sommes pas ici en face d'une critique quelconque, mais bien *agnostique, immanentiste, évolutionniste*. C'est pourquoi quiconque l'embrasse et l'emploie fait profession par là même d'accepter les erreurs qui y sont impliquées et se met en opposition avec la foi catholique.

Pie X,
Encyclique
«Pascendi Dominici gregis» (1907),
«Sur les doctrines des modernistes»

L'encyclique de Pie XII légitime l'exégèse critique. Cet extrait encourage aux études bibliques et à l'utilisation de tous les moyens que les connaissances modernes mettaient à la disposition des chercheurs pour une meilleure approche des textes.

L'état actuel de l'exégèse – On peut espérer à bon droit, en outre, que notre époque apportera aussi sa contribution à une interprétation plus approfondie et plus précise des Saintes Lettres. De fait, bien des points, surtout en ce qui regarde l'histoire, n'ont été exposés qu'à peine ou insuffisamment par les chercheurs des siècles passés : il leur manquait en effet presque toutes les connaissances nécessaires pour qu'ils pussent apporter de meilleurs éclaircissements. Combien certaines questions sont demeurées aux Pères mêmes, difficiles et quasi inaccessibles, on s'en rend compte sans parler d'autre chose, par les efforts répétés de beaucoup d'entre eux pour interpréter les premiers chapitres de la Genèse, ou par les tentatives renouvelées de saint Jérôme pour traduire les Psaumes et arriver à en rendre le sens littéral, c'est-à-dire, celui qu'expriment les mots mêmes. En d'autres livres ou en d'autres textes sacrés, seul notre temps a découvert des difficultés insoupçonnées jusque-là, après qu'une connaissance bien plus profonde de l'antiquité eût soulevé de nouvelles questions qui amenèrent un examen plus pénétrant du sujet. C'est donc une erreur et une méconnaissance de l'état de la science biblique qui fait dire à certains que l'exégète catholique de notre temps n'a plus rien à ajouter à la contribution de l'antiquité chrétienne. Au contraire notre époque a mis au jour beaucoup de questions qui demandent de nouvelles recherches et un nouvel examen et qui apportent un puissant stimulant au commentateur moderne.

Pie XII,
Encyclique «Divino afflante Spiritu»
(1943), chap. III, paragraphe 1,
«Sur la façon la plus opportune
de promouvoir les études bibliques»

La Bible inspiratrice

De façon directe ou indirecte, explicite ou implicite, structurelle ou allusive, la Bible a largement inspiré les écrivains, pour s'en réjouir, amplifier les résonances symboliques de leur propos, blasphémer dans leur désespoir. «Grand Code de l'Art», selon William Blake, elle est en effet à la racine de plusieurs cultures comme de plusieurs œuvres.

«Le Grand Code de l'Art»

Il n'y a rien d'illégitime à aborder la Bible d'un point de vue littéraire : aucun livre n'aurait pu avoir une influence littéraire aussi spécifique sans posséder par lui-même des qualités littéraires. Mais il est tout aussi évident que la Bible est «plus» qu'une œuvre littéraire, quoi que veuille dire «plus» – je n'ai pas l'impression qu'une métaphore quantitative puisse avoir la moindre utilité. J'ai dit que je voulais me débarrasser des canons de l'esthétique conventionnelle; l'«unité» est l'un de ces canons, et il est aussi impressionnant de voir à quel point la Bible est indifférente à l'égard de l'unité et combien elle présente d'unité. En fin de compte, comme nous devions nous y attendre, la Bible échappe à tout critère littéraire. Comme le disait Kierkegaard, un apôtre n'est pas un génie – ce n'est pas que j'aie jamais trouvé que «génie» soit, lui non plus, un mot utile. Mon expérience de la littérature profane m'a montré que les principes formels de la littérature ont été renfermés à l'intérieur même de la littérature, tout comme les principes formels de la musique, incarnés par la sonate, la fugue ou le rondo, n'ont pas d'existence en dehors de la musique. Mais voici un livre qui a une influence toujours féconde sur la littérature anglaise, depuis les écrivains anglo-saxons jusqu'à des poètes plus jeunes que moi, et pourtant personne ne va dire que la Bible «est» une œuvre littéraire. Même Blake, qui est allé bien plus loin que quiconque à son époque en identifiant la religion et la créativité des hommes, ne la désignait pas ainsi : il disait «l'Ancien et le Nouveau Testament sont le Grand Code de l'Art», une expression que j'ai utilisée pour mon titre après avoir médité de nombreuses années sur ce qu'elle voulait dire.

Northrop Frye, *Le Grand Code, La Bible et la littérature*,
Traduction de C. Malamoud,
Le Seuil, 1984

Séjourner dans la parole de Dieu

Car c'est tout de même une chose énorme que Dieu ait parlé distinctement aux hommes et que cette parole ait été consignée pour tous les temps dans un document écrit. Cette parole, cette prière, l'Église la met obligatoirement sous l'incomparable ligature du bréviaire dans la bouche de chacun de ses prêtres. Mais ce n'est pas assez de la parcourir des yeux et des lèvres, il faut s'y attacher, il faut y séjourner, il faut s'en imprégner, comme faisaient les Pères antiques, non pas dans un esprit de curiosité vaine, mais de dévotion, il faut l'habiter, il faut l'emmagasiner en nous, il faut dormir et se réveiller avec, il faut nous persuader et persuader pratiquement que, suivant les termes de saint Paul (2 Tim. 3, 16), toute l'Écriture divinement inspirée est utile, et qu'elle est tout entière du pain, que c'est d'elle seule que nous avons faim, et que ce n'est pas par des cailloux et par des problèmes entortillés sans queue ni tête que l'on sera puissant à nous la remplacer.

Paul Claudel,
Introduction au Livre de Ruth,
Gallimard, 1953

La fête de la Loi

Au début du XXe siècle, Jérôme et Jean Tharaud rapportèrent plusieurs livres de leurs visites dans les ghettos de Russie et d'Europe centrale, mettant leur talent littéraire au service d'une réalité pathétique et pourtant imprégnée de la force des Ecritures.

Enfin parut le jour où prenant en pitié la misère de son peuple, l'Éternel convoqua Moïse sur la haute montagne fumante. Des myriades d'Anges l'accompagnaient en chantant ses louanges, les tonnerres roulaient, des éclairs brillaient et illuminaient le monde, d'épais nuages couvraient la montagne dont les rochers ébranlés s'affaissèrent, la corne de bélier retentit, la foudre déracina les cèdres, la voix de l'Éternel fit trembler le désert. Et dans son Temple majestueux, il proclama la Thora!

Ô jour de gloire, jour d'orgueil où le peuple d'Israël lance un défi à l'univers! Comment Dieu a-t-il pu justement choisir une journée semblable pour accabler la Communauté sainte! [...] Pourquoi faut-il que chaque membre de la Communauté traîne avec lui son tourment! Pourquoi tant d'inquiétude en un jour où justement le plus grand des péchés c'est de manquer d'allégresse! Aussi, quand la sainte Thora fut sortie du tabernacle pour être portée sur l'almémor dans sa riche enveloppe de soie, quel élan, quelle frénésie souleva tous les caftans noirs, aiguillonnés par le remords de paraître ingrats au Seigneur! Divin bonheur de posséder la Thora, quels cris vous arrachez à ces Juifs d'Ukraine! De toutes les poitrines s'élève un vieux chant de triomphe, d'une musique entraînante, et dont les vieux mots, empruntés à d'antiques langues disparues, n'ont plus de sens pour personne et n'agissent plus que sur l'âme, comme si une joie si puissante ne pouvait s'exprimer que par l'incompréhensible. La synagogue entière bondit, saute d'un pied sur l'autre, exulte, lève les bras au ciel et fait avec les doigts le bruit joyeux des castagnettes. Ah! si à cette minute un étranger était entré dans le Saint Lieu, s'il avait vu tous ces gens pris de vertige se démener, se trémousser et faire claquer leurs doigts, s'il avait entendu le vieux chant d'allégresse, avec ses vieux mots inconnus, scandé comme une ascension joyeuse, jamais, jamais il n'aurait imaginé que tous ces Juifs emportés dans cet étonnant délire avaient le cœur pareil à celui des prisonniers attendant, au fond d'un cachot, qu'on vienne leur dire de monter dans la charrette.

J. et J. Tharaud,
Un royaume de Dieu, VIII,
«La fête de la Loi», Plon, 1921

Devant la Loi

De tous les croyants, il [Kafka] a été le plus dépourvu d'illusions et entre tous ceux qui voient le monde tel qu'il est, il a été le croyant le plus ferme.

Max Brod

Ce texte de Kafka porte la résonance naturelle de la tradition juive de respect et de piété qu'inspire la Torah.

Devant la loi se dresse le gardien de la porte. Un homme de la campagne se présente et demande à entrer dans la loi. Mais le gardien dit que pour l'instant il ne peut pas lui accorder l'entrée. L'homme réfléchit, puis demande s'il lui sera permis d'entrer plus tard. «C'est possible, dit le gardien, mais pas maintenant.» Le gardien s'efface devant la porte, ouverte comme toujours, et l'homme se baisse pour regarder à l'intérieur. Le gardien s'en aperçoit, et rit. «Si cela t'attire tellement, dit-il, essaie donc d'entrer malgré ma défense. Mais retiens ceci : je suis puissant. Et je ne suis que le dernier des gardiens. Devant chaque salle il y a des gardiens de plus en plus puissants, je ne puis même pas supporter l'aspect du troisième après moi.» L'homme de la campagne ne s'attendait pas à de telles difficultés; la loi ne doit-elle pas être accessible à tous et toujours, mais comme il regarde maintenant de plus près le gardien dans son manteau de fourrure, avec son nez pointu, sa barbe de Tartare longue et maigre et noire, il en arrive à préférer d'attendre, jusqu'à ce qu'on lui accorde la permission d'entrer. Le gardien lui donne un tabouret et le fait asseoir auprès de la porte, un peu à l'écart. Là, il reste assis des jours, des années. Il fait de nombreuses tentatives pour être admis à l'intérieur, et fatigue le gardien de ses prières. Parfois le gardien fait subir à l'homme de petits interrogatoires, il le questionne sur sa patrie et sur beaucoup d'autres choses, mais ce sont là questions posées avec indifférence, à la manière des grands seigneurs. Et il finit par lui répéter qu'il ne peut pas encore le faire entrer. L'homme, qui s'était bien équipé pour le voyage, emploie tous les moyens, si coûteux soient-ils, afin de corrompre le gardien. Celui-ci accepte tout, c'est vrai, mais il ajoute : «J'accepte seulement afin que tu sois bien persuadé que tu n'as rien omis.» Des années et des années durant, l'homme observe le gardien presque sans interruption. Il oublie les autres gardiens. Le premier lui semble être le seul obstacle. Les premières années, il maudit sa malchance sans égard et à haute voix. Plus tard, se faisant vieux, il se borne à grommeler entre les dents. Il tombe en enfance et,

«Devant la Loi se dresse le gardien de la porte.»

comme, à force d'examiner le gardien pendant des années, il a fini par connaître jusqu'aux puces de sa fourrure, il prie les puces de lui venir en aide et de changer l'humeur du gardien; enfin sa vue faiblit et il ne sait vraiment pas s'il fait plus sombre autour de lui ou si ses yeux le trompent. Mais il reconnaît bien maintenant dans l'obscurité une glorieuse lueur qui jaillit éternellement de la porte de la loi.

À présent, il n'a plus longtemps à vivre. Avant sa mort, toutes les expériences de tant d'années, accumulées dans sa tête, vont aboutir à une question que jusqu'alors il n'a pas encore posée au gardien. Il lui fait signe parce qu'il ne peut plus redresser son corps roidi. Le gardien de la porte doit se pencher bien bas, car la différence de taille s'est modifiée à l'entier désavantage de l'homme de la campagne. «Que veux-tu donc savoir encore? demande le gardien. Tu es insatiable.» «Si chacun aspire à la loi, dit l'homme, comment se fait-il que durant toutes ces années personne d'autre que moi n'ait demandé à entrer?» Le gardien de la porte, sentant venir la fin de l'homme, lui rugit à l'oreille pour mieux atteindre son tympan presque inerte : «Ici nul autre que toi ne pouvait pénétrer, car cette entrée n'était faite que pour toi. Maintenant je m'en vais et je ferme la porte.»

Franz Kafka,
Le Procès, IX,
Traduction. d'A. Vialatte,
«Pléiade», Gallimard

«Tuer» la Bible?

Issu d'un courant calviniste sévère, le Sud-Africain André Brink témoigne ici de ce que pouvait avoir de traumatisant une éducation imprégnée d'un certain sens de la Bible, dans le pays de l'apartheid.

Une grande Bible. Des chaises à dos droit. Des textes encadrés sur les murs. *Dieu est amour. Bénis cette maison. Le Seigneur est mon berger.*

«Est-ce que tu sens l'atmosphère pieuse?» a-t-elle demandé. Jamais auparavant je n'avais entendu quelqu'un parler avec autant de haine. «Sur cette chaise, je devais apprendre des passages de la Bible à chaque fois que j'avais fait quelque chose de mal. Tout d'abord j'étais battue, bien sûr.» «Je suis le Seigneur ton Dieu, qui t'ai fait sortir d'Égypte, sortir de la maison d'esclavage.» «C'est une chose terrible de tomber dans les mains du Dieu vivant.» «Repentez-vous et convertissez-vous, pour que vos péchés soient effacés.»

[Résistant à l'invitation de son ami de quitter cette maison, Gillian accomplit alors le meurtre symbolique :]

De façon violente et désespérée, elle s'est retournée et a attrapé la grande Bible noire posée sur le bureau. Avant que j'aie pu remuer le petit doigt, elle l'avait jetée sur le portrait [de son père]. La vitre s'est brisée, le plancher était couvert de morceaux de verre [...]. Elle s'est précipitée vers le mur en m'écartant et l'a arrachée. Elle s'est coupé la main à un éclat de verre, et un mince filet de sang a coulé dans sa paume et sur son poignet. Elle s'est mise à pleurer, tout d'abord sans bruit, elle est tombée à genoux à côté de la photo et l'a déchirée en morceaux. Puis elle a plongé le visage dans les mains et a éclaté en violents sanglots. [...] De petites gouttes de sang tombaient de son poignet sur les pages froissées de la Bible qui était restée ouverte. Puis, avec un bref regard dans ma direction, elle a ramassé le livre et s'est essuyé les doigts, sans comprendre ce qui s'était passé.

«Il est mort», a-t-elle dit.

Presque solennellement, elle s'est mise à déchirer les pages tachées de sang, et plus elle déchirait, plus ses gestes étaient passionnés et déterminés : la Genèse, la Loi et les Prophètes, le Cantique des Cantiques, l'Évangile, les Épîtres, jusqu'à la dernière prière des Révélations.

André Brink,
L'Ambassadeur, Stock, 1986

Personne ne bénira notre poussière...

Ce «psaume» de Paul Celan, écrit entre 1959 et 1962, en écho prolongé de la Shoah, reprend et évoque de façon paroxystique, notamment avec le «Loué sois-tu, Personne», plusieurs éléments de psaumes de louanges qui s'adressent directement à Yhwh, le Créateur et le Défenseur : Ps 8, 9, 48, 56, 63, 65, 71, 79 et 116.

Psaume

Personne ne nous repétrira de terre
et de limon,
personne ne bénira notre poussière.
Personne.

Loué sois-tu, Personne.
Pour l'amour de toi nous voulons
fleurir.
Contre
toi.

Un rien
nous étions, nous sommes, nous
resterons, en fleur :
la rose de rien, de
personne.

Avec
le style clair d'âme,
l'étamine désert-des-cieux,
la couronne rouge
du mot de pourpre que nous chantions
au-dessus, au-dessus de
l'épine.

Paul Celan,
La Rose de personne,
Traduction de M. Broda,
Le Nouveau Commerce, 1979

Étrange athée que je suis...

Dans ces Carnets, 1978, *Albert Cohen dit sa difficulté et parfois son désespoir de ne pas croire. Témoignant de l'antique piété juive pour la Loi, il poursuit sa réflexion sur le destin de la «religion juive» qui s'oppose, comme la «religion chrétienne», à toute barbarie.*

Vingt avril
Tu es l'Éternel, ô merveille de le répéter. Car je suis l'Éternel, dit l'Éternel. Et il suffit que je T'entende ainsi parler, en Ta juive Bible et comme nul Dieu jamais ne parla, pour que la tentation me vienne de m'agenouiller. Étrange athée que je suis. Mais je sais que Tu me béniras jusqu'à la dixième génération, comme Tu as promis.
Car, moi, je T'aime et toujours on condamne ceux qu'on aime. Ne nous as-Tu pas appelés, nous, Ta nation, race de scorpions et peuple au cou roide? Tu nous as détestés parce que Tu nous aimais et que Tu nous voulais tels que Tu nous imaginais en Ton amour. Ferais-je autrement que Toi? Je T'aime et Tu m'indignes. Je Te veux digne de Toi et je T'appelle au secours contre Toi.

Neuf juin
Assez, car tout cela est du passé et cette vénération est tarie. Assez, et reviens à ce que tu crois vraiment, reviens à ta folie de la Loi de ton peuple, folie qui est ta consolation d'être privé de Dieu.

Faute de ce cruel et sourd et bien-aimé, j'aime que mes frères, les Juifs pieux des ghettos, j'aime qu'ils vénèrent la Loi de Moïse et qu'elle leur soit aussi importante que Dieu, j'aime qu'ils donnent des noms étincelants à leur Loi d'humaine grandeur et qu'ils l'appellent la Fiancée, la Couronnée. J'aime que leurs rouleaux de parchemin où la sainte Loi d'antinature est inscrite en caractères sacrés, j'aime qu'ils soient surmontés de naïves couronnes, qu'ils soient enveloppés de velours et d'ors maladroits, car mes frères juifs ne sont pas doués pour les belles abominations, mais leur Loi ils l'aiment de tout leur cœur.

Ô saints rouleaux de la Loi en grave procession dans la synagogue, les fidèles les baisent, et de toute âme je m'incline, et avec un émoi dans ma poitrine, émoi devant cette majesté qui passe, je les baise aussi, et c'est mon seul acte d'adoration dans la maison de ce Dieu auquel je ne crois pas mais que de toute âme je révère.

Albert Cohen,
Carnets, 1978,
Gallimard, 1992

La polyphonie biblique

Au fondement comme au cœur de la culture occidentale, la Bible a marqué la mémoire. Mais, depuis plusieurs décennies sinon depuis un siècle ou deux, elle court le risque d'apparaître de plus en plus scellée, menacée d'effacement.

[...] la Bible est issue d'une pensée radicalement neuve, polymorphe et souvent rebelle, dynamique, unique et plurielle. Les catégories bibliques, juives et chrétiennes fournissent les critères d'interprétation de l'aventure occidentale, et ont joué un rôle absolument décisif dans la formation et dans le développement de la modernité, jusque dans ses expressions contemporaines. La révolution biblique est à la fois un engagement neuf dans l'histoire, porté par une utopie, et une espérance de changement. Refusant tout fondement dans un ordre cosmique stable, la pensée biblique a rompu avec l'antique héritage d'une histoire par cycles et d'une conception diffuse du sacré dans le monde, pour introduire un inextinguible amour du devenir et de l'histoire continue. La Bible est beaucoup plus qu'une simple bibliothèque de livres anciens et disparates, comme on se plaît trop rapidement à la décrire. C'est une composition polyphonique, issue du monde oriental, et qui ne doit son unité et son rayonnement qu'à la traversée de différentes cultures, non seulement celles de ses propres origines, de sa propre formation, mais également celles dans lesquelles elle fut reçue et interprétée pendant deux mille ans. L'empreinte formidable de la mémoire de ce livre sur nos espaces habités, notre imaginaire, nos interrogations éthiques, est aujourd'hui menacée d'effacement. Nous risquons de nous retrouver devant une porte fermée, en ayant perdu la clé d'accès à un monde qui parlait directement à nos pères et constituait à la fois leur identité et leurs lois. Situation d'autant plus absurde que les connaissances que nous avons de ce monde sont aujourd'hui considérables. Or nous devons à ces civilisations du Proche-Orient, à leur histoire, non seulement nos racines, mais davantage encore le métissage de notre civilisation, sans lequel aucune parole ne pourrait être transmise à d'autres que nous.

Frédéric Boyer,
Préface au *Monde de la Bible*,
Les Arènes, 1999

CHRONOLOGIE

Origines

Les dates proposées dans cette section ne le sont qu'à titre de repères traditionnels. Elles n'induisent nullement une certitude historique.

Autour de 1859 : Arrivée d'Abraham en Canaan (Gn 12).
Égypte, 2030-1070 env. : Le Moyen-Empire.
Sumer : Renaissance sous la IIIe dynastie d'Ur.
Babylone : Ire dynastie. Code d'Hammurabi (vers 1750).
Vers 1250 : Moïse. Sortie d'Égypte des Hébreux. Loi du Sinaï.
Vers 1220-1200 : Josué et les Hébreux en Palestine.

Des Juges (vers 1200)
à la Chute de Jérusalem (587)

Entre 1200 et 1020 : Les Juges en Israël.
Texte biblique : Premières traditions de sanctuaires, hymnes, «légendes culturelles».
Entre 1030 et 1010 : Fondation de la monarchie. Saül, premier roi.
Egypte : XXIe dynastie.
Grèce : Invasion dorique.
Autour de 1000 : Avènement de David.
Texte biblique : Premières chroniques préroyales (juges) et royales (sur Saül et David).
De 970 à 931 : Salomon, fils de David, roi.
Texte biblique : Recueil des traditions orales (légendes, proverbes). Première historiographie royale (Annales) et recueils législatifs. Activité rédactionnelle religieuse.
Vers 931 : Assemblée de Sichem. Le schisme entre le Royaume du Nord (= Israël) et le Royaume du Sud (= Juda).
Vers 885 : Israël (Royaume du Nord) : le roi Omri fonde Samarie comme capitale.
Mésopotamie : Le Royaume d'Assur.
Égypte : XXIIe dynastie.
Italie : Invasion étrusque.
Grèce : Homère.
Entre 870 et 740 : Israël (Royaume du Nord) : le roi Achab. Les prophètes Élie et Élisée.
Les prophètes Amos et Osée.
Texte biblique : Grande activité rédactionnelle dans le royaume du Nord où apparaissent aussi les prophètes. Remaniement des textes législatifs (origines du Deutéronome?). Rédaction de certaines traditions concernant le temps d'avant la Terre et d'avant la Royauté.
Premiers recueils des prophètes.
Juda (Royaume du Sud) : Le roi Ozias.
Les prophètes Isaïe et Michée.
Grèce : Premiers Jeux olympiques.
Égypte : XXIIIe-XXVe dynasties.
721 : Prise de Samarie, capitale du Royaume du Nord; par Sargon II, roi d'Assur.
Fin du royaume du Nord (Israël).
Texte biblique : Des scribes du Nord se réfugient au Sud, à Jérusalem. Premières synthèses des apports des traditions écrites du Nord et du Sud. Jusqu'à la chute de Jérusalem, grande activité littéraire : livres historiques, codes législatifs et recueils prophétiques remaniés sous l'influence de l'esprit deutéronomique.
716 : Ezéchias, roi de Juda. Réformes d'inspiration prophétique.
Vers 630 : Juda : les prophètes Sophonie et Jérémie.
622 : Sous le règne de Josias, roi de Juda, «découverte» de la Loi. Réformes religieuses.
612 : Mésopotamie : chute de Ninive, capitale de l'Assyrie. Hégémonie de Babylone.
587 : Siège de Jérusalem par Nabuchodonosor, roi de Babylone. Exil des Juifs à Babylone.

De l'Exil à la fin de l'Époque perse
(587-333)

539 : Prise de Babylone par Cyrus, roi des Perses.
538 : Édit de Cyrus qui autorise le retour des Juifs à Jérusalem.
520-515 : Restauration du Temple.
Texte biblique : Grande activité rédactionnelle sous l'impulsion des prêtres. Synthèse des documents existants. Activité de relecture et de retour aux origines (Genèse, Abraham). Livres d'Abdias, de Malachie. Job, Proverbes, Cantique, Ruth. De nombreux psaumes.
350 : La Judée, état théocratique.
Texte biblique : Législation du Pentateuque unifiée par Esdras.
Livres de Joël, des Chroniques, d'Esdras et de Néhémie, Jonas et Tobie.

L'Époque hellénistique
et l'Époque romaine

319-287 : Les successeurs d'Alexandre se disputent son Empire.
Jusqu'en 299 : La Judée sous le contrôle des Lagides.
Texte biblique : Entre 300 et 250, traduction de la Loi en grec (le Septante).

Après 250, peut-être le livre d'Esther et Qohélet.
200-142 : La Judée soumise aux Séleucides.
Texte biblique : Le Siracide.
167-164 : La grande persécution d'Antiochus IV Épiphane. Révolte des Maccabées.
Texte biblique : Premier livre des Maccabées. Le Livre de Daniel, Deuxième livre des Maccabées.
Entre 100 et 50 : Le livre de Judith.
63 : Pompée prend Jérusalem. Domination romaine de la Palestine.
Texte biblique : Entre 30 et 10, le livre de la Sagesse.
37-4 : Hérode le Grand.
-6 ou -5 : Naissance de Jésus.
En 18-19 : Fondation de Tibériade.
De 29 à 35 env. : Ministère et mort de Jésus.
Texte biblique : Premières formules de Credo (proclamation de la Résurrection), hymnes, logia de Jésus.
Vers 48 : 1re épître de Paul aux Thessaloniciens.
50-52 : 1re épître aux Corinthiens.
54 : Épître aux Romains.
Néron, empereur.
Paul à Rome
Premières rédactions évangéliques.
64 : Persécution des chrétiens.
66 : Première révolte juive.
70 : Prise de Jérusalem par Titus. Incendie du Temple.
Jamnia, centre du judaïsme.
Évangile selon saint Marc.
80 : Évangiles selon saint Matthieu et selon saint Luc.
80-90 : Apocalypse ?
95-100 : Évangile selon saint Jean.

BIBLIOGRAPHIE

Texte biblique
En hébreu :
- *Biblia Hebraica Stuttgartensia*, Deutsche Bibelstiftung, Stuttgart, 1977.

En grec :
- *Septuaginta*, edidit Alfred Rahlfs, Deutsche Bibelgesellschaft, Stuttgart, 1979.
- *La Bible d'Alexandrie*, Traduction française et annotation des livres de la Septante sous la direction de Marguerite Harl, Le Cerf, Paris (en cours de réalisation depuis 1986).

Traductions françaises de la Bible
- La Bible de Segond.
- La Bible de Crampon.
- L'Ancien Testament, sous la direction d'Edouard Dhorme, «La Pléiade», Gallimard, Paris, 1997.
- La Bible de Jérusalem, Le Cerf et DDB, Paris.
- La Bible d'Osty, Le Seuil, Paris.
- La Traduction œcuménique de la Bible (TOB), Le Cerf et Société biblique française.

Ouvrages complémentaires
- *Ecrits intertestamentaires*, «La Pléiade», Gallimard, Paris, 1996.
- *Ecrits apocryphes chrétiens*, «La Pléiade», Gallimard, Paris, 1998.

Introductions
- Suzanne de Dietrich, *Le Dessein de Dieu, Itinéraire biblique*, Delachaux et Niestlé, 1945.
- Étienne Charpentier, *Pour lire l'Ancien Testament*, édition nouvelle revue par J. Briend, Le Cerf, 1994.
- Étienne Charpentier, *Pour lire le Nouveau Testament*, édition nouvelle, Le Cerf, 1992.
- *Le Monde de la Bible*, textes présentés par A. Lemaire, Folio/histoire, Gallimard, Paris, 1998.
- André Lemaire, *Le Monde de la Bible*, Les Arènes/Le Monde de la Bible, Paris, 1999.
- Pierre Gibert, *Comment la Bible fut écrite*, Bayard Editions, Paris, 1995.
- Pierre Gibert, *Petite Histoire de l'exégèse biblique*, Le Cerf, Paris, 1992.
- Daniel Marguerat, *Le Dieu des premiers chrétiens*, Delachaux, nouvelle édition, 1993.
- André Paul, *La Bible : histoire, texte et interprétations*, Nathan, 1998.

Dictionnaire
- *Dictionnaire encyclopédique de la Bible*, Brépols, 1987.

Atlas
- Yohanan Aharoni et Michael Avi-Yonah, *La Bible par les cartes, 264 cartes commentées*, Brépols, 1997.

Revues
- *Cahiers Évangile*, Service biblique Évangile et Vie, Le Cerf, 6 rue Vavin, 75006 Paris (trimestrielle, traite d'un livre de la Bible ou d'un thème par numéro).
- *Le Monde de la Bible*, Bayard-Presse, 3, rue Bayard, 75393 Paris Cedex 08 (5 numéros par an).

TABLE DES ILLUSTRATIONS

COUVERTURE

OUVERTURE

CHAPITRE 1

CHAPITRE 2

CHAPITRE 3

CHAPITRE 4

assyrien, provenant de Ninive. British Museum, Londres.
84 Arbre de Jessé. Lambeth Bible, Canterbury. 1140-1150. Lambeth Palace Library.
85 Le Christ en gloire entouré des petits prophètes, commentaire de saint Jérôme sur Daniel, provenant de l'abbaye de Cîteaux, XIIe siècle. Bibliothèque municipale, Dijon.
86 *Le Festin de Baltazar*, peinture de Francesco Ricchino. Pinacothèque Tosio Martinengo, Brescia.
87h Vision d'Ezéchiel, bible de Winchester, 1150-1180. Cathédrale de Winchester.
87b Vision d'Ezéchiel, les os desséchés, miniature in *La Fine Fleur des histoires* par Louqman, 1583. Musée des Arts turcs et islamiques, Istanbul.
88 *La Milice céleste*, peinture de Guariento. Musée civique, Padoue.
89 Les Visions de l'au-delà, détail de l'*Ascension vers l'Empyrée*, peinture de Jérôme Bosch, 1500-1504. Palazzo Ducale, Venise.

CHAPITRE 5

90 Le Livre des Épîtres de saint Paul, détail du polyptyque de Sant'Emidio, peinture de Carlo Crivelli, 1473. Cathédrale Sant'Emidio, Ascoli Piceno.
91 La Cène, prédelle du maître-autel Saint-Jacques, Levoca, Slovaquie.
92 Armoire contenant les quatre évangiles, mosaïque, début Ve siècle. Mausolée de Galla Placidia, Ravenne.
92-93 Remise de la Loi à saint Pierre, sarcophage en marbre, vers 400. Musée lapidaire d'Art chrétien, Arles.
94h Saint Matthieu évangéliste, relief peint par Donatello, 1435-1443. Ancienne Sacristie, église San Lorenzo, Florence.
94b Saint Marc évangéliste, relief peint par Donatello, 1435-1443. Ancienne Sacristie, église San Lorenzo, Florence.
94-95 Canon des Évangiles orné de grotesques et d'animaux fantastiques, évangéliaire de Saint-Michel-de-Cuxa, fin XIe-début XIIe siècle. Bibliothèque municipale, Perpignan.
95h *Saint Luc évangéliste*, relief peint par Donatello, 1435-1443. Ancienne Sacristie, église San Lorenzo, Florence.
95b *Saint Jean évangéliste*, relief peint par Donatello, 1435-1443. Ancienne Sacristie, église San Lorenzo, Florence.
96h *La Visitation*, fresque de Giotto, 1303-1309. Chapelle Scrovegni, Padoue.
96m *La Nativité*, idem.
96b *Le Baptême du Christ*, idem.
96-97 *La Résurrection de Lazare*, idem.
98h *La Dernière Cène*, idem.
98m *Le Baiser de Judas*, idem.
98b *La Dérision du Christ*, idem.
98-99 *La Crucifixion*, idem.
100 *Les Apôtres Pierre et Paul*, peinture du Gréco, vers 1587-1597. Musée de l'Ermitage, Saint-Pétersbourg.
101 Pages des Actes des Apôtres, manuscrit syriaque, vers 1216. Bible Society, Londres.
102-103 *La Descente du Saint Esprit*, peinture de Sandro Botticelli, 1495-1500. Birmingham Museums and Art Gallery.
104 Épître de Paul aux Romains, bible latine, fin XIe siècle. Bibliothèque Mazarine, Paris.
104-105h et 104-105b Détails de *La Résurrection de la Chair*, fresque de Luca Signorelli, 1499-1504. Chapelle San Brizio, cathédrale, Orvieto.
106h Jésus, inscription araméenne sur un ossuaire, Ier siècle. Collection particulière, Vienne.
106-107 *Le Martyre de saint Jacques le Majeur*, détail de prédelle, peinture de Lorenzo Monaco, 1414. Musée du Louvre, Paris.
107h Scène de baptême, détail d'un sarcophage, IIIe siècle. Museo Nazionale delle Terme, Rome.
108 Tempête apaisée, manuscrit, XIIIe siècle. Bibliothèque nationale de France.
109 Aire d'extension du christianisme au IIe siècle.
110 Saint Jean à Patmos, volet droit du triptyque de saint Jean-Baptiste et de saint Jean l'Evangéliste par Hans Memling, 1474-1479. Hôpital Saint-Jean, Bruges.
111 «L'Agneau et les Vingt-Quatre vieillards» (détail), panneau n° 7 de *L'Apocalypse d'Angers*, tapisserie par Nicolas Bataille, 1373-1387. Musée des Tapisseries, Angers.

CHAPITRE 6

112 *Moïse et Aaron,* opéra d'Arnold Schönberg; Aage Haugland dans le rôle de Moïse; mise en scène d'Herbert Wernicke; direction musicale de C. von Dohnànyi; Théâtre du Châtelet, novembre 1995.
113 *La Lecture de la Bible* (détail), peinture de Gérard Dou, vers 1628-1631. Musée du Louvre, Paris.
114 *Saint Jérôme dans son oratoire*, peinture attribuée à Marinus Van Reymerswaele, XVIe siècle. Musée des Beaux-Arts, Orléans.
115 *Vision de saint Augustin*, peinture de Vittore Carpaccio, 1502. Scuola de San Giorgio degli

Schiavoni, Venise.
116g *Page de la Bible des pauvres*, la tentation du Christ, Esaü vend son droit d'aînesse, Adam et Eve, xylographie coloriée, école flamande, vers 1460-1465. Musée du Louvre, collection Rothschild, Paris.
116d La Sainte Trinité, folio 1 de la Bible historiale, Ms royal 17 E VII, 1357. British Library, Londres.
117 *Le Sommeil des mages*, chapiteau, vers 1120-1140. Cathédrale Saint-Lazare, Autun.
118-119h Triptyque de *La Cène*, peinture de Dierick Bouts, vers 1468. Cathédrale Saint-Pierre, Louvain.
118-119b Détail du triptyque de *La Cène*, idem.
120 Première Bible imprimée de Gutenberg, 1455. Musée Lénine, Saint-Pétersbourg.
121g *Les Noces de Cana*, détail du retable de Montbéliard par Heinrich Füllmaurer, vers 1530-1550. Kunsthistorisches Museum, Vienne.
121d *Le Sermon sur la montagne*, idem.
122-123 *Crucifixion* et *Déploration du Christ*, panneau central et prédelle du retable d'Isenheim par Mattias Grünewald, 1511-1516. Musée Unterlinden, Colmar.
123hd *Grünewald*, peinture de Vladimir Velickovic, 1994. Collection particulière.
123hb *Crucifixion*, peinture de Vladimir Velickovic, 1997. Collection particulière.
124 Exploration de l'Esplanade du Temple, aquarelle de William Simpson, 1869. Palestine Excavation Fund, Londres.
125 Père Jean-Baptiste Humbert et Alain Chanbon, archéologue, devant le plan de Qumran à l'Ecole biblique et archéologique française de Jérusalem.
126g Nébuleuse de l'Aigle.
126d *La Création des étoiles*, in la Bible d'Anvers de Lefèvre d'Etaples, 1530, gravure sur bois.
127 *Le Jugement dernier*, peinture de Wassily Kandinsky, 1910. Sotheby's, New York.
128 *La Création de l'homme*, peinture de Marc Chagall, 1956-1958. Musée du Message biblique, Nice.

TÉMOIGNAGES ET DOCUMENTS

129 La main de Dieu, sculpture du tympan de l'église Santo Domingo, Soria.
131 Le père Lagrange à son arrivée à Jérusalem, 1890.
137g Lefebvre d'Etaples, gravure, XVIe siècle.
137d Martin Luther, gravure, XVIe siècle. Collection particulière.
141 Adam, chapiteau du monastère de San Juan de la Pena.
146 Illustration pour les œuvres de Kafka de Hans Fronius. Vienne, 1948. Bibliothèque nationale de France, Paris.
158 Dernière Bible imprimée à Genève avec psautier incorporé, 1755.

INDEX

A

B

C

E

F - G

H

I

J

K - L

M

N

O - P

Q - R

S

T

V - Z

LA SAINTE BIBLE,

QUI CONTIENT

L'ANCIEN ET LE NOUVEAU

TESTAMENT,

C'est à dire

L'ANCIENNE ET LA NOUVELLE

ALLIANCE.

LE TOVT REVEV ET CONFERE' SVR LES TEXTES HEBREVX & GRECS, par les Pasteurs & Professeurs de l'Eglise de GENEVE.

Avec les PSAUMES de DAVID, mis en Rime Françoise.

A GENEVE,

Pour LA COMPAGNIE DES LIBRAIRES.

M. DCCLV.

CRÉDITS PHOTOGRAPHIQUES

ADAGP, Paris 2000 62, 69, 73, 123, 123, 127, 128. AKG, Paris 22, 105. AKG/Sotheby's, Paris 127. Alinari-Giraudon, Paris 94h, 94b, 95h, 95b. Archives Gallimard Jeunesse 1, 2, 3, 4, 5, 6, 7, 8, 9, 20, 126d, 137g, 137d, 146. Artephot/Babey 38-39h. Artephot/J.-P. Dumontier 46. Artephot/A. Held 82-83. Artephot/Roland 62. Bibliothèque Mazarine, Paris 27. BnF, Paris 13, 21, 23. The Bridgeman Art Library, Paris 1er plat de couv., dos, 2e plat de couv., 14, 15, 25h, 37h, 41, 57b, 78d, 84, 87h, 90, 100, 101, 102-103. Ciel et Espace/AAO/D. Malin 126g. CIRIC/Brigitte Cavanagh 125. G. Dagli Orti, Paris 16, 25b, 30-31, 34-35, 39, 42-43, 44-45, 47, 48-49, 50-51, 52, 54, 55, 64, 65, 66d, 66g, 67, 68, 71, 75, 77, 78g, 80, 83, 85, 86, 87b, 88, 96m, 96b, 96-97, 98h, 98m, 98-99, 115, 122. Diathéo, Puy-l'Évêque 92. D. R. 30, 40, 53, 91, 147, 158. École biblique et archéologique française, Jérusalem 131. Édigraphie 36, 38b, 109. Édimedia, Paris 59. Enguerand/Colette Masson 112. Giraudon, Paris 24, 28, 29, 32, 60-61b, 72, 79g, 89, 110, 114. Giraudon/Alinari 96h, 98b. Giraudon/Bridgeman, Paris 74. Kunsthistorisches Museum, Vienne 121. Lauros-Giraudon Paris 94-95, 104, 111, 117. Long Beach Art Museum of Art, Californie 69. Magnum/E. Lessing, Paris 17b, 106h, 107, 118-119. Magnum/Micha Bar Am, Paris 37b. A. Martignoni, Paris 129, 141. Palestine Exploration Fund, Londres 124. Rapho, Paris 76. RMN, Paris 18, 113, 128. RMN/J. G. Berizzi 60h, 63. RMN/G. Blot 12, 56h, 57h, 73, 106-107. RMN/M. Bellot 116g. Roger-Viollet 19, 33, 81. Scala, Florence 58. Sygma/Derek Hudson 11, 120. Sygma/ Milner 17h. Zev Radovan 79d.

REMERCIEMENTS

Pierre Gibert adresse ses remerciements à Paule du Bouchet et à l'équipe éditoriale de Découvertes Gallimard, et plus particulièrement Anne Lemaire, Michèle Decré, Charlotte Écorcheville, Claire Balladur et Maryse Hubert.

ÉDITION ET FABRICATION

DÉCOUVERTES GALLIMARD
COLLECTION CONÇUE PAR Pierre Marchand.
DIRECTION Élisabeth de Farcy.
COORDINATION ÉDITORIALE Anne Lemaire.
GRAPHISME Alain Gouessant.
FABRICATION Nadège Grézil.
PROMOTION & PRESSE Valérie Tolstoï.
SUIVI DE PRODUCTION Madeleine Gonçalves.

LA BIBLE. LE LIVRE, LES LIVRES
ÉDITION Michèle Decré-Cyssau, avec la collaboration de Charlotte Écorcheville.
MAQUETTE ET MONTAGE PAO Hélène Arnaud et Alain Gouessant.
ICONOGRAPHIE Claire Balladur, avec la collaboration de Maryse Hubert.
LECTURE-CORRECTION Jocelyne Marziou et Pierre Granet (corpus), Isabelle Desommes (Témoignages et Documents).
PHOTOGRAVURE Arc-en-Ciel.

Pierre Gibert est docteur en théologie, docteur ès lettres et sciences humaines (histoire) et docteur en littérature comparée. Il a enseigné l'exégèse biblique à la Faculté de Théologie de l'Institut catholique de Paris jusqu'en 1980. Depuis 1981, il l'enseigne à la Faculté de Lyon, dont il a été le doyen de 1991 à 1997. Directeur de la revue *Recherches de Science Religieuse* depuis 1998, il enseigne aussi l'exégèse biblique à la Faculté du Centre Sèvres à Paris.

Pierre Gibert a notamment publié *Une Théorie de la légende. H. Gunkel et les légendes de la Bible* (Flammarion, 1979), *La Bible à la naissance de l'histoire* (Fayard, 1979), *Bible, mythes et récits de commencement* (Le Seuil, 1986), *Vérité historique et esprit historien. L'Historien biblique de Gédéon face à Hérodote* (Le Cerf, 1992), *Petite Histoire de l'exégèse biblique* (Le Cerf, 1992), *Comment la Bible fut écrite* (Bayard, 1995). Il a aussi édité la *Correspondance d'A. de Tocqueville et Mme Swetchine et d'A. de Tocqueville et Fr. de Corcelles* (Gallimard, 1983).

Dépôt légal : mars 2000
Numéro d'édition : 83025
ISBN : 2-07-53430-8
Imprimé par Editoriale-Lloyd, Italie